KB202357

설교를 그리다

박형만 지음

다바르
Dabar Bible School

피노키오 제페토 할아버지는 이렇게 말한다.
'세상에 모든 것은 쓸모 있는 거야'
말씀의 제페토, 자신의 삶에 진심인 사람, 철학자의 돌을 지닌 사람, 건축가의
손길로 못의 십자가와 나무의 결에 하나님의 말씀의 숨결을 기록하려는 사람,
ego가 self의 품 안에서 즐거워하는 사람 . . .이분이 박형만 작가가 아닐까.

일상의 걸음에서 만난 나뭇가지와 철은 그의 손에서 주님의 말씀을 품은 또
하나의 파피루스가 된다. 30대에 건축가 100인에 들었던 그가 주님 안에 든
것으로 만족하는 그 해맑은 웃음을 사랑한다.
작업실에서 차를 마실 때마다 벽에 새끼줄로 달린 북어 한 마리, 그의 작품
끝자락에 적는 그의 사인도 뼈만 남은 고기 한 마리 . . 주님의 그 죽으심과 삶을
흠모하는 제자들의 사인 역시 고기 한 마리, 익수스($IX\Theta Y\Sigma$)였다. 박형만
작가가 남기고 싶은 그 비밀스러운 사인일까!

나의 서울온누리교회 부목사시절부터 알게 된 그의 삶은 오늘도
트리니티필사학교장으로서, 순장으로서, 건축가로서, 나무의 나이테에 주님의
숨결을 더하여 우리에게 잊혀지지 아니할 생명의 나이테로 기록되어가고 있다.
그는 주일아침에 자리에 앉으면 먼저 노트에 주일말씀을 기록한다. 그리곤
그의 설교노트는 기록되기 시작한다. 이번에 그 노트들을 보면서 벽에 걸린
북어 한 마리 모양 . . 나의 인생은 그의 작품 안에서 배가 부르다.

트리니티 교회 담임목사
GOOD TV 부울경 본부장

신앙생활을 하면서 내게 주신 구원의 확신은 벅찬
사건이었다. 그 감격과 기쁨을 무엇으로든지 발산해야 했다.
이것이 내가 필사라는 도구를 통해 작업을 시작한 동기이다.
성경필사를 작품으로 하기 시작한 지도 30년이 되어간다.
필사 작업을 통해 말씀을 되씹고 묵상하며 살아있음의
기적을 순간순간 느끼고 하나님의 품으로 가기까지
하나님이 나에게 거저 주신 은혜에 감사하고 살아갈 뿐이다.

매주 주일날 설교는 나에게 삶을 온전하게 살아가는 영적
양식이다. 주일 본문을 필사하고 설교를 들으면서 나의
감흥을 그림 그리고 글로 표현하고 마음에 말씀을 새긴다.
나의 삶의 지침이 되는 말씀들을 정리하고 삶의 지침으로
삼고 그 말씀들을 일주일간 되새기고 있다.

하루하루 순간순간 지금 여기서 하나님의 사랑을 펼치며
지상의 천국을 만들어가는 내가 되고자 한다.

1 2023

CONTENTS

1
2023

'내 안에 난 두 길'
누가복음 1:2

처음부터 목격자이면서 말씀의 일꾼된자들이 전하여준
그대로 내력을 저술하려고 붓을 든 사람이 많은지라

BC 1400
모세가 쓰다

義 罪

ㄱㄱㅍㅅ
LOVE ♥   예수의 제자로 산은 아니다기

아담 ___ RIZOM ___ 예수

KAΘ ΠΑΡΕΛΟΖΑΝ ΝUΙΝ ΟΝ
ΛΠΓ Θ.ΡΧΝΣ ΛUTOTTO ΚΛΧΙ
UTΙΝ ΡΙΤΟΙ ΓΕΝΘUΕVΟΙ ΤΟU ΛΟΓΟΝ

生死·回復·
BC 1400 愛

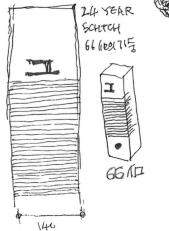

24 YEAR
SCHTCH
66 (100억) 기둥

66 個

140

우리 주예 이루신 길
사람에 따라 여러 다른
복귀 목격자와 마음씀
역의 일꾼된자들이많은자
역을 그대로 내력을쓰기
술하려고 붓을 든사람이
이 많음이라 그모든
믿을군이 변하기 위하여
미워야 하는것 나는때에
빛을 밝히 하여야 하는데
대한여 대비 밝혔으니
중요중앙 앞에 서 있는
익히 마음 근본 됩보를
역험 실컷 하게 하리라

1. 23. ㅇ

누가복음은 예수님의 인성(人性)을 강조하는 복음이다. 또한 누가복음의 서언은 예수님은 역사적 실존 인물이라는 것을 강조하고 있다. 저자 누가는 의사였고 역사가로 누가복음은 목격자의 증언을 토대로 기록되었다. 또한 누가복음을 당시의 인물 데오빌로 각하에게 보냈다고 쓰고 있다. 데오빌로라는 단어의 'Theo'는 '하나님', 'Philus' 는 '사랑하다', 즉 하나님을 사랑하는 사람들 모두를 상징한다고 볼 수 있다. 고로 하나님을 사랑하는 모든 사람을 위해 쓰였다고 할 수 있겠다. 예수님은 역사의 한 시점에서 태어난, 존재하기 시작한 사람이기 이전에 이미 천지창조 이전에 성부 하나님과 함께 존재한 성자 하나님이란 것을 보여준다.

내 안에 두 길이 있다면 한 길에서 역사적 증언을 정확하게 기술하고 또한 다른 한 길에서 인성의 예수님의 말씀을 깊이 이해하여 삶의 기준을 삼아야 할 것이다.

창세기 1:1
230115

'태초에 하나님이 천지를 창조하시니라'

땅이 혼돈하고 공허하며 흑암이 깊음 위에 있고 하나님의 영은 수면 위에 운행하시니라
하나님이 이르시되 빛이 있으라 하시니 빛이 있었고
빛이 하나님이 보시기에 좋았더라 하나님이 빛과 어둠을 나누사
하나님이 빛을 낮이라 부르시고 어둠을 밤이라 부르시니라 저녁이 되고 아침이 되니 이는 첫째 날이니라
하나님이 이르시되 물 가운데 궁창이 있어 물과 물로 나뉘라 하시고
하나님이 궁창을 만드사 궁창 아래의 물과 궁창 위의 물로 나뉘게 하시니 그대로 되니라
하나님이 궁창을 하늘이라 부르시니라 저녁이 되고 아침이 되니 이는 둘째 날이니라
하나님이 이르시되 천하의 물이 한 곳으로 모이고 뭍이 드러나라 하시니 그대로 되니라
하나님이 뭍을 땅이라 부르시고 모인 물을 바다라 부르시니 하나님이 보시기에 좋았더라
하나님이 이르시되 땅은 풀과 씨 맺는 채소와 각기 종류대로 씨 가진 열매 맺는 나무를 내라 하시니 그대로 되어
땅이 풀과 각기 종류대로 씨 맺는 채소와 각기 종류대로 씨 가진 열매 맺는 나무를 내니 하나님이 보시기에 좋았더라
저녁이 되고 아침이 되니 이는 셋째 날이니라
하나님이 이르시되 하늘의 궁창에 광명체들이 있어 낮과 밤을 나뉘게 하고 그것들로
징조와 계절과 날과 해를 이루게 하라

또 광명체들이 하늘의 궁창에 있어 땅을 비추라 하시니 그대로 되니라
하나님이 두 큰 광명체를 만드사 큰 광명체로 낮을 주관하게 하시고 작은 광명체로
밤을 주관하게 하시며 또 별들을 만드시고
하나님이 그것들을 하늘의 궁창에 두어 땅을 비추게 하시며
낮과 밤을 주관하게 하시고 빛과 어둠을 나뉘게 하시니 하나님이 보시기에 좋았더라
저녁이 되고 아침이 되니 이는 넷째 날이니라
하나님이 이르시되 물들은 생물을 번성하게 하라 땅 위 하늘의 궁창에는 새가 날으라 하시고
하나님이 큰 바다 짐승들과 물에서 번성하여 움직이는 모든 생물을 그 종류대로 새와 날개 있는 모든 새를
그 종류대로 창조하시니 하나님이 보시기에 좋았더라
하나님이 그들에게 복을 주시며 이르시되 생육하고 번성하여 여러 바닷물에 충만하라
새들도 땅에 번성하라 하시니라
저녁이 되고 아침이 되니 이는 다섯째 날이니라
하나님이 이르시되 땅은 생물을 그 종류대로 내되 가축과 기는 것과 땅의 짐승을 종류대로 내라 하시니 그대로 되니라
하나님이 땅의 짐승을 그 종류대로 가축을 그 종류대로 땅에 기는 모든 것을 그 종류대로 만드시니
하나님이 보시기에 좋았더라
하나님이 이르시되 우리의 형상을 따라 우리의 모양대로 우리가 사람을 만들고 그들로 바다의 물고기와
하늘의 새와 가축과 온 땅과 땅에 기는 모든 것을 다스리게 하자 하시고
하나님이 자기 형상 곧 하나님의 형상대로 사람을 창조하시되 남자와 여자를 창조하시고
하나님이 그들에게 복을 주시며 하나님이 그들에게 이르시되 생육하고 번성하여 땅에 충만하라
땅을 정복하라 바다의 물고기와 하늘의 새와 땅에 움직이는 모든 생물을 다스리라 하시니라

GENESIS

В начале сотворил Бог небо и землю

창세기는 모든 것들의 기원을 알려주는 책이다.
만물의 기원, 인류의 기원, 가정의 기원, 죄의
기원 등 그 출발과 원인, 역사의 시작을 알려주는 책이다.
과학적 역사는 아니지만 그렇다고 허상이나 우화 같은
이야기도 아니다. 하나님의 창조 의도와 그것을 어긴
인간을 사랑으로 다시 회복시키시려는 하나님의 구속
역사의 시작과 진행을 보여주고 있다.

첫 시작의 시간은 알려주지 않았지만 인간을 죄에서
구원하여 창조의 의도대로 하나님과의 사랑의
관계를 회복하시려는 구속의 역사를 아브라함을
부르심으로부터 시작하고 있다. 성경을 통해서 우리는 그
진행과 완성을 볼 것이다.

출애굽기 5:1
230122
'출애굽기'

그 후에 모세와 아론이 바로에게 가서 이르되 이스라엘의 하나님 여호와께서 이렇게 말씀하시기를 내 백성을 보내라 그러면 그들이 광야에서 내 앞에 절기를 지킬 것이니라 하셨나이다
바로가 이르되 여호와가 누구이기에 내가 그의 목소리를 듣고 이스라엘을 보내겠느냐
나는 여호와를 알지 못하니 이스라엘을 보내지 아니하리라
그들이 이르되 히브리인의 하나님이 우리에게 나타나셨은즉 우리가 광야로 사흘길쯤 가서
우리 하나님 여호와께 제사를 드리려 하오니 가도록 허락하소서 여호와께서
전염병이나 칼로 우리를 치실까 두려워하나이다
애굽 왕이 그들에게 이르되 모세와 아론 너희가 어찌하여
백성의 노역을 쉬게 하려느냐 너희의 노역이나 하라
바로가 또 이르되 이제 이 땅의 백성이 많아졌거늘 너희가 그들로 노역을 쉬게 하는도다 하고
바로가 그 날에 백성의 감독들과 기록원들에게 명령하여 이르되
너희는 백성에게 다시는 벽돌 쓸 짚을 전과 같이 주지 말고 그들이 가서 스스로 짚을 줍게 하라
또 그들이 전에 만든 벽돌 수효대로 그들에게 만들게 하고 감하지 말라
그들이 게으르므로 소리 질러 이르기를 우리가 가서 우리 하나님께 제사를 드리자 하나니
그러므로 그 사람들의 노동을 무겁게 함으로 수고롭게 하여 그들로 거짓말을 듣지 않게 하라

EXODUS ᶜᵉᵏᵃᵏ HYE-RUWE NIGW 여기·지금

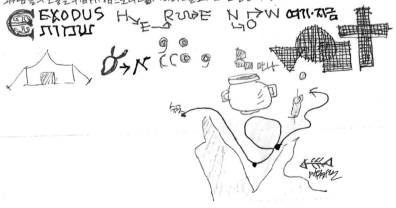

하 나님은 모세와 아론을 바로 앞에 세우신다.
하나님에 대한 바로의 무지함은 불순종의
죄뿐만 아니라 더 큰 악의 결과를 초래했다. 그렇다면
당신은 하나님에 대해 얼마나 알고 있으며 하나님을
알기 위해 어떤 노력을 하고 있는가? 또한 나는
얼마나 하나님께 순종하고 있는가?

우리는 매일매일 영광의 진리로 성화 되기를
게으르지 않게 점검해야 한다. 항상 하나님께 초점을
두고 내 안에 천국을 만들어가고 매일 하나님의
자녀로 다시 태어나야 하리라! 또한 하나님의 창조
원리를 발견하여 이 지상을 천국으로 만들어가는
하나님의 군사가 되어야 할 것이다.

마태복음 5 : 18

230129

'춘언 그리고 약속'

SPEAKER | 서영석

내가 율법이나 선지자를 폐하러 온줄로 생각하지 말라 폐하러 온것이 아니오 완전 하게 하려함이라

진실로 너희에게 이르노니 천지가 없어지기 전에는 율법의 일점일획도 결코 없어지지 아니하고 다 이루어라

그러므로 누구든지 이계명 중의 지극히 작은 것하나라도 버리고 또 그같이 사람을 가르치는 자는 천국에서 지극히 작다 일컬음을 받을것이오 누구든지 이를 행하며 가르치는 자는 천국에서 크다 일컬음을 받으리라

내가 너희에게 이르노니 너희 의가 서기관과 바리새인보다 더 낫지 못하면 결코 천국에 들어가지 못하리라

진실로 너희에게 이르노니 천지가 없어지기 전에는 율법의 일 점오 일획도 결코 없어지지 아니하고 다 이루어라

COLUMONM

KNOWING

AMOR FATI

KSLVIKOE

GOOD

GOD IS GOOD

I WILL LIVE A LIFE I LOVE

L

V

E

LOVE

WHERE

18

66

A

16

산상수훈은 하나님 나라에 이르는 길이다.
산상수훈은 성경의 핵심이다. 그 중에서도
주기도문은 핵심 중의 핵심이고 그 주기도문
중에서도 '나라가 임하옵시며'는 바로 성경의 근원적
주제이다. 산상수훈은 시내 산에서 언약을 맺고
하나님의 제사장 나라가 되기로 결단한 이스라엘
백성에게 준 십계명과 같은 영적 의미가 있다.

하나님 나라를 선포하신 예수님은 그 하나님 나라의
백성이 되고자 한 그의 제자에게 하나님 나라의
가치관을 밝혀 주시는 것이다. 예수님의 새 언약과
더불어 구약의 율법을 더욱 완전하게 이루게 하신다.
항상 하나님의 율법과 예수님의 언약을 충실히
지킴으로써 우리들의 삶이 평안에 이르게 됨을
잊어서는 안된다.

JOB ㄱ:17

230205

서로사랑하라 ♥

그런즉 내가 내 입을 금하지 아니하고
내 영혼의 아픔 때문에 말하며 내 마음의
괴로움 때문에 불평하리이다
내가 바다니이까 바다 괴물이니이까
주께서 어찌하여 나를 지키시나이까
혹시 내가 말하기를 내 잠자리가 나를 위로하고
내 침상이 내 수심을 풀리라 할지라도
주께서 꿈으로 나를 놀라게 하시고
환상으로 나를 두렵게 하시나이다
이러므로 내 마음이 뼈를 깎는 고통을 겪느니
차라리 숨이 막히는 것과 죽는 것을 택하리이다
내가 생명을 싫어하고 영원히 살기를 원하지
아니하오니 나를 놓으소서 내 날은 헛것이니이다
사람이 무엇이기에 주께서 그를 크게 여기안드사 그에게 마음을 두시고
아침마다 권징하시며 순식간마다 단련하시나이까

若葉佳

幻想

JOB

罪

인간은 왜 고통을 받아야 하는가! 욥은 왜 이렇게 가혹한 형벌을 받아야 하는가! 이런 고통은 체벌적, 응징적, 보복적인 것이 아니고 치유적으로 보아야 한다. 자기중심적인, 에고적인 것을 내려놓으라는 하나님의 방법인 것이다. 즉 하나님의 절대 주권에 대한 인간의 절대 순종을 요구하시는 것이다. 욥의 고난과 인간의 고난은 종말론적으로 풀어가야 하는 것이다.

절대 의롭고 선하신 하나님이 이 세계를 통치하신다면 어떻게 이토록 선과 악이 뒤섞여 있으며 심지어 악인이 득세하고 형통하며 의인이 고통받는 모순된 현실이 존재할 수 있는가? 조건없는 신앙만이 진실한 신앙임을 명심해야 한다.

230212

`부르시다` 레위기 19:18

너는 이스라엘 자손의 온 회중에게 말하여 이르라
너희는 거룩하라
이는 나 여호와 너희 하나님이 거룩함이니라

BEING 存在
EXISTENCE

원수를 갚지 말며 동포를 원망하지 말며 네 이웃 사랑하기를 네 자신과 같이 사랑하라
나는 여호와이니라

HOLY +
LOVE

L E O V

이웃과 바른 관계에 대한 규례를 가르쳐
주신다. 가나안 땅을 정복할 때 이방 문화에
무방비 상태로 이미 형성된 그곳에서 하나님의
백성으로서의 정체성을 잃지 않도록 그 지침을 주신
것이다.

그러나 신약에서의 구별된 삶은 수동적 삶을 넘어서
능동적이고 적극적인 삶을 요구한다. 그리스도인은
구별된 삶을 산다기보다 세상을 향해 적극적이며
더 나아가 그 세상의 시대정신을 주도하며 세상에
그리스도의 문화를 심어야 한다. 또한 삶에서
하나님이 거룩하니 우리도 거룩해지려 노력하며
성화를 향해 무던히 애써야 한다.

말씀을가지고 주께로돌아가자 호세아 14:1-9

이스라엘아 네하나님여호와께로돌아오라 네가불의함으로
말미암아엎드러졌느니라

너는말씀을가지고 여호와께로돌아와서 아뢰기를모든불의를제하시고
선한바를받으소서 우리가수송아지를대신하며 입술의열매를주께드리리이다

우리가앗수르의구원을의지하지아니하며 말을타지아니하며
다시는우리의손으로만든것을향하여 너희는우리의신이라하지아니하오리니
이는고아가주로말미암아긍휼을얻음이니이다하지니라

내가그들의반역을고치고 기뻐 그들을사랑하리니 나의진노가그에게서
떠났음이니라

내가이스라엘에게 이슬과같으리니 그가백합화같이피겠고
레바논백향목같이뿌리가박히겠고

그가지는퍼져 그의아름다움은감람나무와같고 그의향기는
레바논백향목같으리니

그그늘아래 거주하는자가돌아올지라 그들은곡식같이풍성할것이며
포도나무같이꽃이필것이며 그향기는레바논의포도주같이되리라

에브라임의말이내가다시우상과 무슨상관이있으리요할지라
내가그를돌아보아대답하기를 나는푸른잣나무같으니
네가나로말미암아열매를얻으리라

누가지혜가있어 이런일을깨달으며 누가총명이있어 이런일을알겠느냐
여호와의도는정직하니 의인은그길로다니거니와
그러나죄인은그길에걸려넘어지리라

거지가
는 한국교회

행복한사람들

ΣΗΜΑ
ΚΑΛΟΣ
ΑΚΟΥΩ

하나님께서는 하나님을 아는 지식이 없이 헛된
예배를 드리며 하나님을 떠난 이스라엘
백성에게 말씀을 가지고 여호와께로 돌아올 것을
호소하신다. 간음하는 아내를 위해 대속물을
지불하고 다시 찾아오는 호세아 선지자의 심정을
통하여 우상숭배하는 이스라엘 백성으로 인해 상처
받는 하나님의 뼈아픈 마음을 전달했다.

우상숭배는 십계명의 제1계명의 위배이면서 동시에
하나님 나라의 파괴로 이어진다. 북왕국은 끊임없는
우상숭배로 인해 그들은 하나님을 완전히 잊어버린
상태가 되었고 결국 앗수르에 의해 멸망한다.

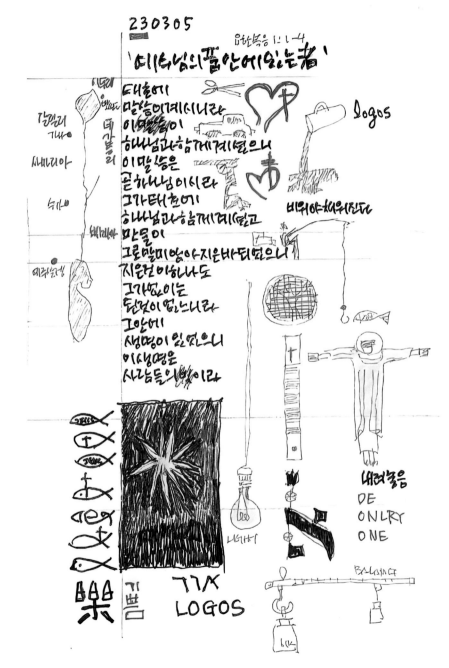

230305

요한복음 1:1-4

'하나님의 품 안에 있는 者'

태초에
말씀이 계시니라
이 말씀이
하나님과 함께 계셨으니
이 말씀은
곧 하나님이시라
그가 태초에
하나님과 함께 계셨고
만물이
그로 말미암아 지은바 되었으니
지은것이 하나도
그가 없이는
된것이 없느니라
그 안에
생명이 있었으니
이 생명은
사람들의 빛이라

logos

비워야 채워진다

내려놓음
DE
ONLRY
ONE

LIGHT

BALANCE

LIFE

기쁨

ㄱㄱㅅ
LOGOS

24

요한은 요한복음 서두에서 예수님은 역사의
한 지점에 태어난 존재하기 시작한 사람이기
이전에 이미 천지창조 이전에 성부 하나님과
함께 존재한 성자 하나님이시란 것을 보여준다.
요한복음의 태초는 창세기의 태초와는 다르다.
창세기의 태초는 시간과 공간이 시작되는 첫시점을
말하지만 요한복음의 태초는 시간과 공간이 없는
영계의 근원을 의미하는 것임으로 천지가 창조되기
전에 예수님은 이미 존재하셨던 하나님임을 강조하고
있다. 요한복음은 예수님의 신성을 강조하는 책이다.
예수님이 곧 말씀(로고스)이신 것이다.

로고스는 하나님의 마음이라는 뜻이 있다. 그
예수님은 바로 하나님이 성육신 한 것이다. 우리는
하나님의 자녀이며 예수님의 품 안에 있는 자이다.

두드려라
열릴것이다

230312

요한복음 15:1 - 7

`나는 너희의 하나님 아버지 니라`

나는 참포도나무요 내아버지는 농부라
무릇 내게 붙어있어 열매를 맺지 아니하는 가지는
아버지께서 그것을 제거해 버리시고 무릇 열매를 맺는 가지는
더 열매를 맺게 하려하여 그것을 깨끗하게 하시느니라
너희는 내가 일러준 말로 이미 깨끗하여졌으니
내안에 거하라 나도 너희안에 거하리라
가지가 포도나무에 붙어있지 아니하면 스스로 열매를 맺을수없음같이
너희도 내안에 있지 아니하면 그러하리라
나는 포도나무요 너희는 가지라 그가 내안에 내가 그안에 거하리면
사람이 열매를 많이 맺나니 나를 떠나서는 너희가 아무것도 할수없음이라
사람이 내안에 거하지 아니하면 가지처럼 밖에 버려져 마르나니
사람들이 그것을 모아다가 불에 던져 사르느니라
너희가 내안에 거하고 내 말이 너희안에 거하면 무엇이든지 원하는대로 구하라
그리하면 이루리라

GO. STOP

숨은의무지

성령이 지나간 흔적

虛心
마음을 비워라
謙下之謙

말씀사랑
BIBLE

N학개론

하나님을아는

樂 기쁨

감람산 고별설교에서 포도나무는 이스라엘을
상징한다. 대부분 이스라엘은 하나님의
은혜를 배신함으로 인해 징계 받아야 하는
연약한 포도나무로 묘사된다. 하지만 예수님은
참포도나무이다. 우리가 예수님과 영적으로 연합되어
있을 때 포도송이처럼 많은 열매를 맺게 된다.
만찬을 마치고 감람산으로 가실 때 아마 포도원을
지나가셨을 것이다. 그 포도나무를 보시고 예수님은
자신이 포도나무의 원줄기이고 제자들은 그 가지라고
하시면서 가지는 원줄기에 붙어 있어야 열매맺을 수
있음의 교훈을 주신다.

그렇게 포도나무에 붙어 있으면 풍성한 열매를 맺게
되며 예수의 이름으로 구하면 다 이루어주신다.
예수님께 붙어 있어야 모든 생명력을 공급받을 수 있다.

230319

믿음으로 산 사람'
히브리서 1:1-6

옛적에 선지자들을 통하여 여러 부분과 여러 모양으로 우리 조상들에게
말씀하신 하나님이
이 모든 날 마지막에는 아들을 통하여 우리에게 말씀하셨으니
이 아들을 만유의 상속자로 세우시고 또 그로 말미암아
모든 세계를 지으셨느니라
이는 하나님의 영광의 광채시요 그 본체의 형상이시라
그의 능력의 말씀으로 만물을 붙드시며 죄를 정결하게 하는 일을 하시고
높은 곳에 계신 지극히 크신 이의 우편에 앉으셨느니라
그가 천사보다 훨씬 뛰어남은 그들보다 더욱 아름다운 이름을
기업으로 얻으심이니
하나님께서 어느 때에 어떤 천사 중 누구에게
너는 내 아들이라 오늘 내가 너를 낳았다 하셨으며 또 다시
나는 그에게 아버지가 되고 그는 내게 아들이 되리라 하셨느냐
또 그가 맏아들을 이끌어 세상에 다시 들어오게 하실 때에
하나님의 모든 천사들은 그에게 경배할지어다

GOD — SPRIT / BODY / SOUL

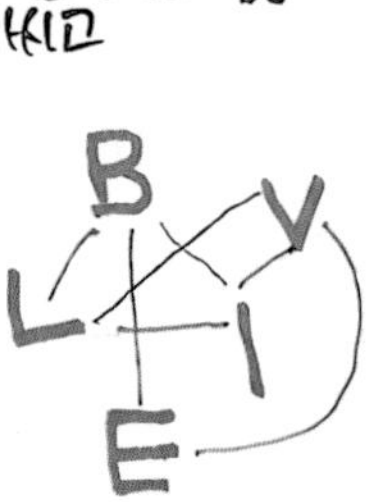

ΠΟΛΥΕΡΩΣ
ΑΓΓΕΛΟΥΣ
ΘΕΟΥ
PHMATI
ΔΟΞΗΣ

L O V E

B / L / I / E / V

NON

[handwritten paragraph, largely illegible]
나타났음이니라 너희는 옛날과 같은 이것이 아니라 너희가 싸움을 보려 위하여 영웅이라는 이러한 진리가 너희를 매우 두려움에 지나지 않으면 너희는 죽음을 당하지 이 깨닫음으로 그대를 믿어라 NO 신에게 거부하는 싸움은 이 목적과 그림자라 믿음으로 산 사람은 가장 높은 아름다움의 자유함이니라 ...

95

LUTHER
1517(103)
오직믿음

28

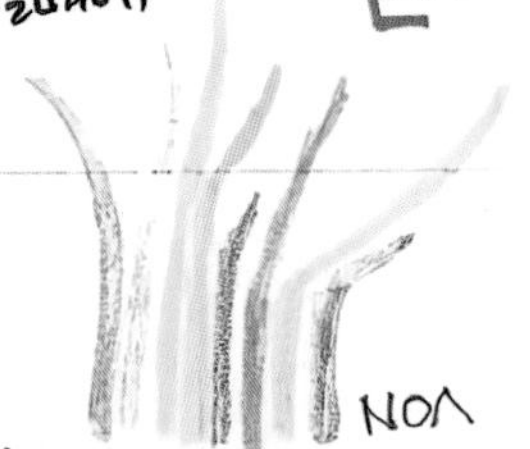

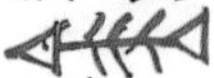

유대인 성도들이 심한 핍박을 받자 성도라는 귀한 신분을 망각하고 그들이 당장 겪는 핍박에서 오는 고난만 생각하며 타락으로 빠지게 되자 이들의 잘못을 고쳐주기 위해 베드로는 이 편지를 썼다. 실망한 이들에게 그리스도의 영광과 하늘에서의 사역을 언급하고 기독교의 우월성을 말하면서 고난을 겪는 이들에게 모든 것을 잃는 것이 아니라 모든 것을 얻었음을 말해주고 있다.

영원한 제사장이시기에, 모두가 이분을 향하여 모든 무거운 것과 얽매이기 쉬운 죄를 벗어 버리고 인내하며 사랑하며 더 큰 상을 주시는 자임을 믿고 더 나은 본향을 사모하며 많은 믿음의 선진들과 같이 믿음의 경주를 해 나아갈 때 하나님의 놀라운 위로와 상급이 앞에 기다리고 있다. 하나님을 따르는 자는 하나님의 자손이 되는 것이다.

230326 로마서 15:7

'여호와는 우리아버지'

먼저 내가 예수 그리스도로 말미암아 너희 모든 사람 때문에 내 하나님께 감사함은 너희 믿음이 온 세상에 전파됨이로다 내가 그의 아들의 복음 안에서 내 심령으로 섬기는 하나님이 나의 증인이 되시거니와 항상 내 기도에 쉬지 않고 너희를 말하며 어떻게 하든지 이제 하나님의 뜻 안에서 너희에게로 나아갈 좋은 길 얻기를 구하노라 내가 너희 보기를 간절히 원하는 것은 어떤 신령한 은사를 너희에게 나누어 주어 너희를 견고하게 하려 함이니 이는 곧 내가 너희 가운데서 너희와 나의 믿음으로 말미암아 피차 안위함을 얻으려 함이라 형제들아 내가 여러 번 너희에게 가고자 한 것을 너희가 모르기를 원하지 아니하노니 이는 너희 중에서도 다른 이방인 중에서와 같이 열매를 맺게 하려 함이로되 지금까지 길이 막혔도다 헬라인이나 야만인이나 지혜 있는 자나 어리석은 자에게 다 내가 빚진 자라 그러므로 나는 능력 있는 대로 로마에 있는 너희에게도 복음 전하기를 원하노라 내가 복음을 부끄러워하지 아니하노니 이 복음은 모든 믿는 자에게 구원을 주시는 하나님의 능력이 됨이라 먼저는 유대인에게요 그리고 헬라인에게로다 복음에는 하나님의 의가 나타나서 믿음으로 믿음에 이르게 하나니 기록된 바 오직 의인은 믿음으로 말미암아 살리라 함과 같으니라

행복

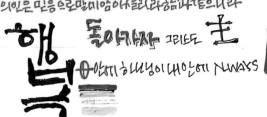

돌아가자 그리스도

主

아씨 하나님이 내 안에 NWASS

로마서는 바울의 3차 여행 중 소아시아 지역에서의 전도 활동 후 고린도에 3개월 동안 머물면서 예루살렘으로 떠나기 전에 쓴 편지이다. 로마 교회는 자생적으로 생긴 교회다. 바울은 스페인 선교를 위해 로마를 방문하기를 원했고 사도들로부터 직접 가르침을 받지 못한 로마 교회에 기독교 신앙의 기본 교리를 체계적으로 설명하며 유대인 성도들의 율법주의적 신앙을 교정하기 위해 이 서신서를 기록하였다. 로마서는 논문에 가깝다고 보아야 한다. 신앙의 기본적인 교리, 죄, 구원, 은혜, 믿음, 칭의, 성화, 부활 등 조직 신학의 기초 내용을 다 망라하고 있다.

이스라엘의 현재 상태와 궁극적인 구원 및 이방인과의 관계를 언급하고 있다. 로마서의 복음의 중심 내용은 하나님의 의(義)이다. '복음에는 하나님의 의가 나타나서 믿음으로 믿음에 이르게 하나니 기록된 바 오직 의인은 믿음으로 말미암아 살리라'

230409

너는행복한사람이로다 신명기 33:29

단씨대하여는일렀으되
단은바산에서뛰여나오는사자의새끼로다
납달리미대하여는일렀으되
은혜가풍성하고여호와의복이가득한
납달리여너는서목과남목을차지할지로다
아셀에대하여는일렀으되
아셀은아들들중에더복을받으며
그의발이기름에잠길지로다
네문빗장은철과놋이될것이니
네가사는날을따라서능력이있으리로다

여수룬이여하나님같은이가없도다
그가너를도우시려고하늘을타고궁창에서
위엄을나타내시는도다
영원하신하나님이하나님내처소가되시니
그의영원하신팔이네아래에있도다
그가네앞에서대적을쫓으시며멸하라하시도다
이스라엘이안전히거하며야곱의샘은
곡식과새포도주의땅에홀로있나니
곧그의하늘이이슬을내리는곳에로다

29 이스라엘이여너는행복한사람이로다
여호와의구원을너같이얻은백성이누구냐
너를돕는방패시요네영광의칼이시로다
네대적이네게복종하리니네가그들의높은곳을밟으리로다

신명기는 모세의 세 편의 설교로 되어 있으며, 본문은 모세의 마지막 축복이다. 모세는 율법을 곧 이스라엘의 기업이라고 하였다. 하나님의 자녀로서 우리가 하나님에게 받은 가장 귀하고 보배로운 기업은 무엇이며 이를 통해 우리가 얻은 풍요로운 것은 무엇인가? 어떠한 절망을 견뎌내고 인간 존재의 영원성과 완전성을 얻는 구원을 받는 것은 영원한 지존이시자 우주 만물의 창조자요 주재자로서 필연적으로 우리의 전 존재를 결정하시는 여호와 하나님께 있음을 믿어야 한다. 모세는 선민 이스라엘의 지도자로서 거룩하신 절대자 여호와 하나님과 범죄한 이스라엘 백성 사이의 중보자적 입장에서 민족을 위해 간구한다.

하나님께서는 결국 그들이 그 죄로 인한 징벌을 받은 후에 그 백성들을 그 흩어진 곳에서 다시 돌아오게 하셔서 그들의 하나님이 유일한 신이시며 그 외에는 다른 신이 없음을 깨닫게 하신다.

I AM

ㅈIK

씨앗

ㄱ30430

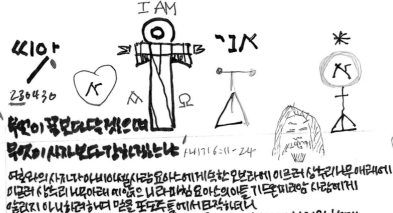

부엌이 물면아 먹었으며
무엇이 씨가보다 강하겠느냐 사사기 6:11~24

여호와의 사자가 아비에셀사람 요아스에게속한 오브라에 이르러 상수리나무 아래에
이르러 상수리 나무아래 앉으니 마침 요아스의아들 기드온이 포도즙 사람에게
들리지 아니하려하여 밀을 포도즙 틀에서 타작하더니
여호와의 사자가 기드온에게 나타나 큰용사여 여호와께서 너와함께
계시도다하매
기드온이 그에게 대답하되 오나의주여 여호와께서 우리라 함께계시면
어찌하여 이모든일이 우리에게 임하였나이까 또우리 조상들이 일찍이
우리에게 이르기를 여호와께서 우리를 애굽에서 올라오게 하신것이 아니냐
한 그모든 이적이 어디 있나이까이제 여호와께서 우리를 버리사
미디안의 손에 우리를 넘겨주셨나이다하니
여호와께서 그를향하여 이르시되 너는 가서 이 너의힘으로 이스라엘을
미디안의 손에서 구원하라 내가 너를 보낸것이 아니냐 하시니라
그러나 기드온이 그에게 대답하되 오주여 내가 무엇으로 이스라엘을 구원하리이까
보소서 나의집은 므낫세중에 극히 약하고 나는 내 아버지집에서
가장 작은자니이다하니
여호와께서 그에게 이르시되 내가 반드시 너와함께하리니
네가 미디안 사람치기를 한 사람을 치듯 하리라 하시니라

34

기드온은 소심한 청년 농사꾼이었으나 하나님의 소명을 받아 위대한 정복자요 통치자가 되었다. 하나님의 부르심을 받았을 때 바알과 아세라 제단을 부수는 과단성을 보인다. 므낫세 중에 극히 약하고 나는 내 아버지 집에서 가장 작은 자라고 고백하나 하나님께서는 기드온과 함께 하겠으니 네가 미디안을 정복하라고 명하신다.

우리도 삶에서 자기의 역량으로는 도저히 할 수 없다는 것을 미리 단정하고 우물쭈물 할 때가 얼마나 많은가? 그러나 하나님께서는 우리가 절대 순종만 한다면 하지 못할 일이 없다는 교훈을 보여주신 것이다. 항상 하나님의 말씀을 성령 안에서 묵상하며 하나님의 뜻을 잘 헤아려야 할 것이다.

나오미

230507 룻기 4:7-22

`주솔깨일 내가편히하리라`

옛적 이스라엘 중에는 모든것을 무르거나 교환하는 일을 확정하기위하여
사람이 그의 신을 벗어 그의 이웃에게 주더니 이것이 이스라엘 중에 증명하는
전례가된지라

이에 그 기업무를 자가 보아스에게 이르되 네가 너를 위하여 사라하고
그의 신을 벗는지라

보아스가 장로들과 모든 백성에게 이르되 내가 나오미 멜론과 기룐과 말룐에게
있던 모든것을 나오미의 손에서 산 일에 너희가 오늘 증인이 되었고
또 말룐의 아내 모압 여인 룻을 사서 나의 아내로 맞이하고 그 죽은 자의 기업을
그의 이름으로 세워서 그의 이름이 그의 형제 중과 그곳 성문에서 끊어지지
아니하게 함이 너희가 오늘 증인이 되었느니라 하니

성문에 있는 모든 백성과 장로들이 이르되 우리가 증인이 되나니
여호와께서 네 집에 들어가는 여인으로 이스라엘의 집을 세운 라헬과 레아
두 사람과 같게 하시고 네가 에브랏에서 유력하고 베들레헴에서
유명하게 하시기를 원하며

여호와께서 이 젊은 여자로 말미암아 네게 상속자를 주사 네 집이
다말이 유다에게 낳아 준 베레스의 집과 같게 하시기를 원하노라

이에 보아스가 룻을 맞이하여 아내로 삼고 그에게 들어갔더니
여호와께서 그에게 임신하게 하시니 그가 아들을 낳은지라

여인들이 나오미에게 이르되 찬송할지로다 여호와께서 오늘 네게 기업 무를
자가 없게 하지 아니하셨도다 이 아이의 이름이 이스라엘 중에
유명하게 되기를 원하노라

이는 네 생명의 회복자라 네 노년의 봉양자라 곧 너를 사랑하며
일곱 아들보다 귀한 네 며느리가 낳은 자로다 하니라

나오미가 아기를 받아 품에 품고 그의 양육자가 되니
그의 이웃 여인들이 그에게 이름을 지어 주되 나오미에게 아들이 태어났다 하여
그의 이름을 오벳이라 하였는데 그는 다윗의 아버지인 이새의 아버지였더라

베레스의 계보는 이러하니라 베레스는 헤스론을 낳고
헤스론은 람을 낳고 람은 암미나답을 낳고
암미나답은 나손을 낳고 나손은 살몬을 낳고
살몬은 보아스를 낳고 보아스는 오벳을 낳고
오벳은 이새를 낳고 이새는 다윗을 낳았더라

나오미

기업 무를 자는 형제나 친족이 어려움에
부닥쳤을 때 그것을 해결해 주어야 하는
구속자이다. 특히 계대 결혼의 의무까지 수행해야
하는 처지일 때 엘리멜렉의 친족은 처음에는
단순히 자신의 유익이 되는 권리를 행사하려 했다가
나중에는 그것을 번복하여 자신의 권리를 보아스에게
넘긴다. 반면 보아스는 자신에게 큰 손실이 미칠
것이 뻔했음에도 불구하고 자신에게 돌아온 의무를
마다하지 않고 성실하게 수행한다. 그런 의미에서
보아스는 자신의 생명까지도 아끼지 않고 죄인을
구속하시기 위해 자기 자신을 내어주신 그리스도를
떠올리게 한다.

우리도 주변에 어려움을 보고 보아스처럼, 예수님처럼
희생할 각오로 선을 위해 자기 몸을 바칠 수 있는가?
자기 자신을 뒤돌아 볼 필요가 있다.

230514 사무엘상 15:17-27

왜 선히 하거늘 듣록 머뭇두려워지느가

사무엘이 이르되 당신이 스스로 작게 여길때에 그때에 이스라엘지파의 머리가 되지 아니하셨나이까 여호와께서 왕이되시기름을 붓어
이스라엘 왕으로 삼으시고
또여호와께서 왕을 길로 보내시며 이르시기를 가서 죄인 아말렉사람들을
진멸하되 다 없어지기까지 쳐 멸하라하셨거늘
어찌하여 왕이 여호와의 목소리를 청종하지 아니하고
탈취하기에 만 급하여 여호와께서 악하게 여기시는 일을 행하셨나이까
사울이 사무엘에게 이르되 나는 실로 여호와의 목소리를 청종하여
여호와께서 보내신 목소리를 청종하여 여호와께서 보내신 길로가서
아말렉 왕아 각을 끌어왔고 아말렉 사람들을 진멸하였으나
다만 백성이 그 마땅히 멸할것들 에서 가장 좋은것으로 길을 에서
당신의 하나님 여호와께 제사하려고 양과소를 끌어 왔나이다하는지라
사무엘이 이르되 여호와께서 번제와 다른제사를 그의 목소리를
청종하는것을 좋아하심같이 좋아하시겠나이까
순종이 제사보다 낫고 듣는것이 숫양의 기름보다 나으니
이는 거역 하는 것은 사신 우상에게 절하는 죄와 같음이라
왕이 여호와기께서도 왕을 버려 왕이 되지 못하게하셨나이다하니

川 順從 > 祭祀 [seal]

38

순종이 제사보다 낫다라는 말은 제사가 전혀 필요 없다는 뜻이 아니다. 이는 제사에 있어서 제사의 외적인 형식보다는 그 내용, 즉 예배자의 순종하는 마음이 더 중요하다는 비교급적인 표현이다. 반대로 말하면 제사의 내용도 중요하지만 형식도 또한 중요하다는 것을 알아야 한다. 성경 어느 곳에서도 제사라는 형식 자체를 배격하고 있지는 않다. 그렇다면 제사라는 형식은 어떤 의미에서 중요한가?

하나님과 만나는 교제의 통로로서 중요하다. 모든 인간은 다 죄인이다. 따라서 죄인들은 결코 하나님께 나아갈 수가 없다. 그런데 하나님께서 제사 제도를 허락하셔서 그것을 통해 죄씻음을 받고 여호와께 나아갈 수 있게 하셨다. 구약의 제사는 그리스도의 희생 제사의 예표가 되는 것이다.

23.05.21

소직은혜입니다

사도행전 15:10.12

이에 야고보를롱이 정타흠을 이스라엘 모든 지파 가운데에
두럭밧내 어리를 너허는 나팔스리를 듣거든 끝달하기를
없나를 이치비분 떼에서 양이 되었다 하리라 하니라
그때 정하흠을 받은 이 백명이 야고를 롸 함께
예루살럼에서부터 히브론 으로 내려갔으나
그들은 양을롱 이꾸민 그 모든 양을 알지 못하고 그게 따라기지 만한 사람들이다
제나 드럼 때에 야고을롱 이 사람들 보내 다싯 의 모사절로
사람이 나 도번을 그의 사흠을 검로 떼서 항하 여온지라
반역하는 양이 커가맨 야고을롱 에게로 돌아오는 반삭 양이 많아지니라

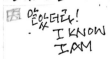
알았더라!
I KNOW
I AM

SETETE
TREE

쿠데타를 일으킨 압살롬의 일당은 참 그릇된 판단이었다. 오늘날 교회에서도 편을 갈라 분열을 꾀하는 자들은 없는가? 생각보다 많다는 것을 숨길 수 없다. 우리에게는 이런 상황을 극복할 대안이 있는가? 항상 모든 상황을 주시하며, 하나님의 뜻에서 벗어나지 않는지를 살펴보아야 한다.

아들의 쿠데타로 도망자가 된 노년에 이른 다윗이 압살롬과 그에 동조하는 천인공로할 반역을 당하여 쫓기는 상황에서도 자신은 도망가지만 하나님은 이미 승리하신 분이심을 믿고 담대함으로 기도를 통하여 하나님이 지켜주심을 의심하지 않고 있다.

메시님의 통보자다 　요한복음 17:1 -11 SPEAKER 이정수

아버지여 때가 이르렀사오니 아들을 영화롭게 하사
아들로 아버지를 영화롭게 하게 하옵소서 아버지께서 아들에게 주신 모든 사람들에게
영생을 주게 하시려고 만인을 다스리는 권세를 아들에게 주셨음이로다
영생은 곧 유일하신 참 하나님과 그가 보내신 자 곧 예수 그리스도를 아는 것이니이다
아버지께서 내게 하라고 주신 일을 내가 이루어 아버지를 이 세상에서
영화롭게 하였사오니 아버지여 지금도 아버지와 함께 나를 영화롭게 하옵소서
세상이 있기 전에 내가 아버지와 함께 가졌던 그 영화로써 지금도
아버지와 함께 나를 영화롭게 하옵소서
세상 중에서 내게 주신 사람들에게 내가 아버지의 이름을 나타내었나이다
저희는 아버지의 것이었는데 내게 주셨으며 저희는 아버지의 말씀을 지키었나이다
지금 저희는 아버지께서 내게 주신 것이 다 아버지로부터 온 것인 줄 알았나이다
나는 아버지께서 내게 주신 말씀들을 저희에게 주었사오며
저희는 이것을 받고 내가 아버지께로부터 나온 줄을 참으로 아오며
아버지께서 나를 보내신 줄도 믿었사옵나이다 내가 저희를 위하여 비옵나니
내가 비옵는 것은 세상을 위함이 아니요 내게 주신 자들을 위함이니이다
저희는 아버지의 것이로소이다 내 것은 다 아버지의 것이요 아버지의 것은 내 것이온데 내가 저희로 말미암아
영광을 받았나이다
나는 세상에 더 있지 아니하오나 저희는 세상에 있사옵고 나는 아버지께로 가옵나니
거룩하신 아버지여 내게 주신 아버지의 이름으로 저희를 보전하사
우리와 같이 저희도 하나가 되게 하옵소서

SPIRIT
AIR
風
WATER 水
EARTH
흙
FIRE
火

KABALA

생명나무 세피로트 WOOD 10"×22"

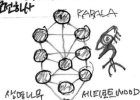

대 제사장인 예수님의 간곡한 중보기도는
지상에서 하나님 나라의 운동을 계속하기
위해 이 세상을 살아가는 제자들에게 그 자세를
가르쳐 주신다. 예수님의 가르침은 세상에 대한
자세가 훨씬 더 긍정적이고 적극적임을 보여주신다.
제자는 단순히 세속을 분리하는 자세로 세상에
대해 소극적 자세를 취하지 말고 변혁주의적 자세를
가져야 한다. 이 세상 문화를 그리스도의 문화로
바꾸어 가면서 하나님 나라를 이루어 가야 한다는
것이다.

예수님은 제자들을 위해 간곡한 지시와 당부를 큰
사랑으로 기도해 주시고 있다. 우리 주변에 모든
사람들이 다 우리의 사랑의 대상이므로 그들을
위해서도 기도하고 그들에게 예수님의 사랑과 복음을
전하여 제자를 삼아 그들을 가르쳐 모두 온전한 삶을
살아가며 하나님을 경외하면서 살아가야 하리라.

230604 사무엘하 7:14

하나님은 우리아버지

그는 내 이름을 위하여 집을 건축할 것이요 나는 그의 나라 왕위를
영원히 견고하게 하리라
나는 그에게 아버지가 되고 그는 내게 아들이 되리니
그가 만일 죄를 범하면 내가 사람의 매와 인생의 채찍으로 징계하려니와
내가 너의 앞에서 물러나게 한 사울에게서 내 은총을 빼앗은 것처럼
그에게서 빼앗지는 아니하리라
네 집과 네 나라가 내 앞에서 영원히 보전되고 네 왕위가
영원히 견고하리라 하셨다 하니라

SEPH IROTH
敎顯盞
송세피라
10+ 그그그그녕그줄그
아인소프
TREE
TOHU
흰-흑化

법궤를 옮겨온 다윗의 믿음은 이제 그 법궤를 영구적으로 모실 성전을 짓고 싶은 열망을 보인다. 하나님은 다윗의 성전 건축 열망은 다음 세대에 넘기게 하고 그 대신 다윗의 계열에서 참 왕 곧 메시아를 오게 하는 다윗 언약을 주신다. 다윗은 그 사실에 대해 감사 기도를 드린다.

하나님은 사울을 폐하신 것처럼 다윗 가문 후손의 왕위를 절대로 폐하시지 않을 것이라는 언약을 지키시겠다고 하신다.

하나님은 우리 모두의 아버지이시다. 깊은 침묵 속에서 성령의 가르치심과 지시하심에 귀를 열고 세밀히 듣고 준행하는 길로써 우리가 지상에서 천국을 만들고 다함께 천국행 티켓을 확보하자.

모비보셋의 삶

다윗이 이르되 사울의 집에 아직도 남은 사람이 있느냐
내가 요나단으로 말미암아 그 사람에게 은총을 베풀리라 하니라
사울의 집에는 종 한 사람이 있으니 그 이름은 시바라 그를 다윗의 앞으로 부르매
왕이그에게 말하되 네가 시바냐 하니 이르되 당신의 종이니이다 하니라
왕이 이르되 사울의 집에 아직도 남은 사람이 없느냐 내가 그 사람에게
하나님의 은총을 베풀고자 하노라 하니 시바가 왕께 아뢰되 요나단의 아들
하나가 있는데 다리저는 자니이다 하니라
왕이 그에게 말하되 그가 어디 있느냐 하니 시바가 왕께 아뢰되 로드발 암미엘의 아들
마길의 집에 있나이다 하니라
다윗 왕이 사람을 보내어 로드발 암미엘의 아들 마길의 집에서 그를 데려오니
사울의 손자 요나단의 아들 므비보셋이 다윗에게 나아와 그 앞에 엎드려 절하매
다윗이 이르되 므비보셋이여 하니 그가 이르기를 보소서 당신의 종이니이다
다윗이 그에게 이르되 무서워하지 말라 내가 반드시 네 아버지 요나단으로 말미암아
네게 은총을 베풀리라 내가 네 할아버지 사울의 모든 밭을 다 네게 도로주겠고
또너는 항상 내 상에서 떡을 먹을지니라 하니
그가 절하여 이르되 이 종이 무엇이기에 왕께서 죽은개같은 나를 돌아보시나이까 하니라
왕이 사울의 시종 시바를 불러 그에게 이르되 사울과 그의 온 집에 속한 것은
내가 다 네 주인의 아들에게 주었노니
너와 네 아들들과 네 종들은 그를 위하여 땅을 갈고 거두어 네 주인의 아들에게
양식을 대주어 먹게 하라 그러나 네 주인의 아들 므비보셋은 항상 내 상에서 떡을 먹으리라
하니라 시바는 아들이 열다섯이요 종이 스무명이더라
시바가 왕께 아뢰되 내 주 왕께서 모든 일을 종에게 명령하신대로 종이 준행하겠나이다
하니라 므비보셋은 왕자중 하나처럼 왕의 상에서 먹으니라
므비보셋에게 어린아들이 하나 있으니 그 이름은 미가더라 시바의 집에 사는자마다
므비보셋의 종이 되니라
므비보셋이 항상 왕의 상에서 먹으므로 예루살렘에 사니라 그는 두발을 다절더라

DAIVID

ㄱㅇㅅ I AM

ㅣ< ↑ SAKTI

ㄱㅣ< ↓ SHIVA

MURUGAN

BEING 存在.

4

ONLY DON'T KNOW!

다윗의 신앙은 하나님 사랑, 이웃 사랑의 균형이 잘 잡힌 신앙이다. 자신을 죽이려 했던 사울 가문의 자손들도 돌보아 줌으로 이웃과의 관계도 좋은 모습을 보여준다. 다윗 왕국은 결국 훗날 우리 주 예수 그리스도가 우리 성도들과 함께 세울 메시아 왕국의 구속사적 예표이다. 따라서 다윗이 공의를 베푼 사실을 보도하는 것은 메시아의 나라를 성령 안에서 의와 평강과 희락의 나라임을 예표하는 것이다. 또한 하나님의 대리 통치자로 세움 받은 다윗이 요나단과 맺은 인간적인 언약조차도 이토록 신실하게 수행했다면 다윗의 주인 되시는 하나님 또한 당신의 백성들과 맺으신 구속의 언약에 얼마나 신실한 것인가 하는 교훈을 준다.

요나단과의 깊은 우정과 므비보셋을 돌보는 다윗의 깊은 배려와 따뜻한 사랑은 하나님이 보시기에 좋았으리라...

230618 로마서 5:12-21
'죄가 더한 곳에 은혜가 더욱 넘쳤나니'

ΑΔΑΜ
vs
ΧΡΙΣΤΟΥ

그러므로 한 사람으로 말미암아 죄가 세상에 들어오고 죄로 말미암아 사망이
들어왔나니 이와 같이 모든 사람이 죄를 지었으므로 사망이 모든 사람 에게 이르렀느니라
죄가 율법 있기 전에도 세상에 있었으나 율법이 없었을 때에는
죄를 죄로 여기지 아니하였느니라
그러나 아담으로부터 모세까지 아담의 범죄와 같은 죄를 짓지 아니한 자들까지도
사망이 왕 노릇 하였나니 아담은 오실 자의 모형이라
그러나 이 은사는 그 범죄와 같지 아니하니 곧 한 사람의 범죄를 인하여
많은 사람이 죽었은즉 더욱 하나님의 은혜와 또한 한 사람 예수 그리스도의 은혜로
말미암은 선물로 많은 사람 에게 넘쳤느니라
또 이 선물은 범죄한 한 사람으로 말미암은 것과 같지 아니하니 심판은 한 사람으로
말미암아 정죄에 이르렀으나 은사는 많은 범죄로 말미암아 의롭다 하심에 이름이니라
한 사람의 범죄로 말미암아 사망이 그 한 사람을 통하여 왕 노릇 하였은즉
더욱 은혜와 의의 선물을 넘치게 받는 자들은 한 분 예수 그리스도를 통하여
생명 안에서 왕 노릇 하리로다
그런즉 한 범죄로 많은 사람이 정죄에 이른 것 같이 한 의로운 행위로 말미암아
많은 사람이 의롭다 하심을 받아 생명에 이르렀느니라
한 사람이 순종하지 아니함으로 많은 사람이 죄인 된 것 같이 한 사람이 순종하심으로
많은 사람이 의인이 되리라
율법이 들어온 것은 범죄를 더하게 하려 함이라 그러나 죄가 더한 곳에
은혜가 더욱 넘쳤나니
이는 죄가 사망 안에서 왕 노릇 한 것 같이 은혜도 또한 의로 말미암아 왕 노릇 하여
우리 주 예수 그리스도로 말미암아 영생에 이르게 하려 함이라

思無

ΧΡΙΣΤΟΥ ΛΩΡΗ

B STAND
C

죄가 더한 곳에 은혜가 더욱 넘쳤나니

48

하나님 앞에서 의롭다 함을 얻는 것은 오직 믿음으로만 가능함을 증명한 바울은 이제 그 칭의의 결과인 하나님과의 평화를 보여준다. 첫째 아담이 에덴 동산에서 잃어버린 것을 둘째 아담인 예수님께서 회복하셨다. 이제 하나님과의 평화를 추구하는 사람은 누구나 그것을 가질 수 있다. 죄사함을 받은 자는 하나님과 화평을 이루고 누려야 한다. 이것이 성화적 구원을 이루는 삶이다. 성도의 삶은 죄사함을 주신 하나님의 은혜를 삶으로 표현하고 이루는 삶이다.

우리도 예수 그리스도를 믿음으로 성화하여 예수의 분량까지 가서 예수 그리스도로 말미암아 영생을 얻어야 할 것이다.

230625

삶속에 주님과 늘함께 히전 2b:30

바울이 온 이태를 그 데 셋집에 머물면서
자기에게 오는 사람들을 다 영접하고
하나님의 나라를 전파하며
주 예수 그리스도에 관한 모든 것을
담대하게 거침없이 가르치더라

SPIRIT

TEACHING

PAUL 義

믿음을 줄것이다

아름다움

하나님을 닮는 자세
눈과 의사

하늘에서 내리는 비

ㄸ대속씨기

성령
&
지혜

ㄱㄱ0ㄱ ㄱ ㄱㄱ
화 will 도 OK

50

바울은 죄수의 몸으로 마침내 로마에 도착한다. 도착하여 사흘이 지난 후 바울은 유대인 중 높은 사람들을 청하여 그들에게 변론하고 자신을 찾아온 사람들에게 하나님 나라를 증거하고 모세의 율법과 선지자의 말을 가지고 예수에 관하여 설득했다. 바울은 2년 동안 가택연금 형식으로 셋집에 머물면서 사람들에게 담대히 하나님 나라를 전파하며 주 예수 그리스도에 관한 것을 가르쳤다.

죽음을 앞둔 바울은 무슨 생각을 했을까? 멀지 않아 미래에 처형 당할 것을 알면서도 예수 그리스도에 관한 모든 것을 가르치고 복음을 전파하는 한결같은 바울의 신념을 배워야 한다.

230702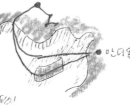

지도를따라 예수님을따라

지금씨가 여러분을 주와 및 그은혜의말씀에 부탁하노니
그 말씀이 여러분을 능히 든든히 세우사
거룩하게 하심을 입은 모든자 가운데 기업이 있게하시리라
내가 아무의 은이나 금이나 의복을 탐하지 아니하였고
여러분이 아는바와 같이 이손으로 나와 내동행들이 쓰는것을 충당하여
범사에 여러분에게 모본을 보여준 바와 같이 수고하여
약한 사람들을 돕고 또주예수께서 친히 말씀하신바
주는것이 받는것보다 복이있다 하심을 기억하여야할지니라

1 빌립
(안디옥)
↓
살라미
↓
바보
↓
버가
↓
안디옥 → 이고니온 → 루스드라 → 더베 → 안디옥

1 갈라디아 2 고린도 3 에베소
　　　　1,5　　3

生
水

道 = LOGOS = 말씀

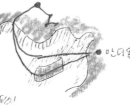

안디옥

생명나무
SEPHIROTIC
TREE

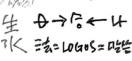

바울은 대부분이 만류하는 예루살렘행을
강행하며 밀레도에서 사람을 에베소로
보내어 장로들을 청했다. 그들에게 바울은 고별
설교를 했다. 에베소에서 그가 행한 과거의 눈물
어린 사역을 언급하고 미래가 불확실한 자신의
운명과 그에 대한 각오 그리고 장로들에 대한 현재적
권면으로 이어졌다. 에베소를 향한 유언과도 같은
바울의 고백과 부탁이다. 말을 마치고 그들과 함께
기도하며 헤어진다.

참으로 아름다운 교회 지도자의 모습이다. 그리고
마지막으로 자신의 본을 따라 탐하는 생활을 금하고
섬김의 삶에 도전하라고 권면한다. 약한 사람을 돕고
주는 것이 받는 것보다 복이 있다며 설교를 마친다.

230709

다윗의 시, 예수 `시편23, 24`

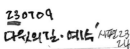

여호와는 나의 목자시니 내게 부족함이 없으리로다
그가 나를 푸른 풀밭에 누이시며 쉴 만한 물가로 인도하시는도다
내 영혼을 소생시키시고 자기 이름을 위하여 의의 길로 인도하시는도다
내가 사망의 음침한 골짜기로 다닐지라도 해를 두려워하지 않을 것은
주께서 나와 함께 하심이라 주의 지팡이와 막대기가
나를 안위하시나이다
주께서 내 원수의 목전에서 내게 상을 차려 주시고
기름을 내 머리에 부으셨으니 내 잔이 넘치나이다
내 평생에 선하심과 인자하심이 반드시 나를 따르리니
내가 여호와의 집에 영원히 살리로다

땅과 거기에 충만한 것과 세계와 그 가운데 사는 자들은 다 여호와의 것이로다
여호와께서 그 터를 바다 위에 세우심이여 강들 위에 건설하셨도다
여호와의 산에 오를 자가 누구며 그의 거룩한 곳에 설 자가 누구인가
곧 손이 깨끗하며 마음이 청결하며 뜻을 허탄한 데에 두지 아니하며
거짓 맹세하지 아니하는 자로다
그는 여호와께 복을 받고 구원의 하나님께 의를 얻으리니
이는 여호와를 찾는 족속이요 야곱의 하나님의 얼굴을 구하는 자로다
문들아 너희 머리를 들지어다 영원한 문들아 들릴지어다
영광의 왕이 들어가시리로다
영광의 왕이 누구시냐 강하고 능한 여호와시며 전쟁에 능한 여호와시로다
문들아 너희 머리를 들지어다 영원한 문들아 들릴지어다
영광의 왕이 들어가시리로다
영광의 왕이 누구시냐 만군의 여호와께서 곧 영광의 왕이시로다

生命 ☺ 自由 (happiness)

☹ 레인킹이었다

EGO

SELF 성경구절

FAR FROM ME

54

시 편 23편에서 누리는 축복의 잔은 바로
인간이 태초에 에덴에서 누렸던 것이다.
인간은 누구나 할 것 없이 죽음을 피할 수 없다. 절대
초월자로서, 창조자요, 주권자이신 여호와를 그
인생의 목자로 삼은 자는 이같은 전인격적 존재를
망라한 구속사적 축복의 기쁨을 누릴 수 있다. 이처럼
구속사의 대열에 동참한 자 곧 하나님의 양들에게
무한하게 약속되고 보장된 축복을 온전히 누리고
있는지, 그렇지 못하다면 그 이유는 무엇인지를
되돌아보는 구속사적 자성의 시간을 가져야 할
것이다.

시편 24편은 다윗의 송축시이다. 법궤는 하나님의
임재의 상징이고 그 법궤가 예루살렘에 옴으로
예루살렘이 세상의 중심이 되었다는 것을 노래하는
것이다.

23 0723 ◎ 듣다 ─ 믿음

아버지의 선물
믿음, 들음의 主 예수그리스도 눅 8:40~56

예수께서 돌아오시매 무리가 환영하니 이는 다 기다렸음이러라
이에 회당장인 야이로라 하는 사람이 와서 예수의 발 아래에 엎드려
자기 집에 오시기를 간구하니
이는 자기에게 열두 살 된 외딸이 있어 죽어감이라
예수께서 가실 때에 무리가 밀려들더라
이에 열두 해를 혈루증으로 앓는 중에 아무에게도 고침을 받지 못하던 여자가
예수 뒤로 와서 그의 옷가에 손을 대니 누구냐 하시니 다 아니라
할 때에 베드로가 이르되 주여 무리가 밀려들어 미나이다
예수께서 이르시되 내게 손을 댄 자가 있도다 이는 내게서 능력이
나간 줄 앎이로다 하신대
여자가 스스로 숨기지 못할 줄 알고 떨며 나아와 엎드리어 그 손 댄 이유와
곧 나은 것을 모든 사람 앞에서 말하니
예수께서 이르시되 딸아 네 믿음이 너를 구원하였으니 평안히 가라 하시더라
아직 말씀하실 때에 회당장의 집에서 사람이 와서 말하되
당신의 딸이 죽었나이다 선생님을 더 괴롭게 하지 마소서 하거늘
예수께서 들으시고 이르시되 두려워하지 말고 믿기만 하라
그리하면 딸이 구원을 얻으리라 하시고
그 집에 이르러 베드로와 요한과 야고보와 아이의 부모 외에는
함께 들어가기를 허락하지 아니하시니라
모든 사람이 아이를 위하여 울며 통곡하매 예수께서 이르시되
울지 말라 죽은 것이 아니라 잔다 하시니
그들이 그 죽은 것을 아는 고로 비웃더라
예수께서 아이의 손을 잡고 불러 이르시되 아이야 일어나라 하시니
그 영이 돌아와 아이가 곧 일어나거늘 예수께서 먹을 것을 주라 명하시니
그 부모가 놀라는지라 예수께서 그들에게 이 일을 아무에게도 말하지 말라 하시니라

12
血漏

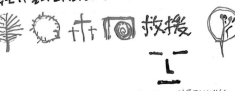

평안하시죠?
나 답게

내가 은총 입고 내 안에 있도다 하시어서
평안이 나 좋으라 값어치 없어
이 안에 너와 함께 하여 머라

우 리는 예수님의 옷자락이라도 만지려 하는
혈루병 여인의 믿음을 배워야 한다. 우리가
가지이고 예수님이 포도나무라면 가지는 본체에 붙어
있어야 한다. 12년 된 혈루증을 앓은 여인은 예수님의
옷깃만 만져도 자신의 병이 나을 줄 확신했다. 그
여인의 간청을 이룬 것은 바로 예수님께서 자신들의
구원자가 되실 것임을 믿는 믿음이다. 이는 영생과
회복의 구원을 믿는 믿음이었다. 그 믿음은 예수를
향한 믿음을 증거하고 있다.

우리는 각자의 욕심에 가려져 이기적인 욕심을
하나님께 강요하고 있지는 않은지 내면을 성찰해야
한다. 좀 더 큰 사랑으로 큰 믿음으로 예수님께
의탁하며 흔들리지 않는 믿음을 가다듬고 키워나가는
훈련을 해야 한다.

230730

풀 수 에 이르는 믿음 『갈라디아 2:16-20』

사람이 의롭게 되는것은 율법의 행위로 말미암음이 아니요
오직 예수그리스도를 믿음으로 말미암는 줄 앎으로 우리도 그리스도예수를
믿나니 이는 우리가 율법의 행위로써가 아니고 그리스도를 믿음으로써
의롭다함을 얻으려함이라 율법의 행위로는 의롭다함을 얻을 육체가 없느니라
만일 우리가 그리스도 안에서 의롭게 되려하다가 죄인으로 드러나면
그리스도께서 죄를 짓게 하는자냐 결코 그럴수 없느니라
만일 내가 헐었던것을 다시 세우면 내가 나를 범법한자로 만드는것이라
내가 율법으로 말미암아 율법에 대하여 죽었나니
이는 하나님에 대하여 살려함이라
내가 그리스도와 함께 십자가에 못박혔나니 그런즉 이제는 내가 사는것이 아니요
오직 내 안에 그리스도께서 사시는것이라
이제 내가 육체 가운데 사는것은 나를 사랑하사 나를 위하여
자기자신을 버리신 하나님의 아들을 믿는 믿음안에서 사는것이라

내 안에 그리스도

판단하지 마라
防禦着!!

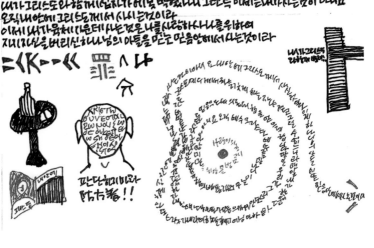

내가 그리스도
라 하여 외치는

바울이 베드로에게 책망하는 언급이 있다.
이러한 것은 모두 갈라디아 교회에 존재했던
거짓 교사들 때문이었다. 갈라디아 교회에 있었던
유대주의자들은 예수 그리스도를 믿어도 율법을
지키고 할례를 받아야만 구원받을 수 있다고
주장했다. 그들은 또한 바울의 사도직까지 의심했다.
그래서 바울은 그가 전한 복음은 예수 그리스도의
직접적인 계시로부터 온 것이며 그의 사도직 역시
하나님의 직접적인 계시와 위탁을 통해서 얻은
것이라는 사실을 그의 개인 간증을 통해 증언했다.

나를 사랑하사 나를 위하여 자기 자신을 버리신
하나님의 아들을 믿는 믿음 안에 사는 것이라...
그리하여 우리도 율법만 지키고 우월감을 갖는 것은
옳지 않고 하나님에 대한 변화에 이르는 믿음을
가져야 할 것이다.

230806 시편 2:17-9

右上: 同行 / 現在 / I AM / 그나

너는 내아들이라. 오늘 내가너를 낳았다

死 (DEATH)

내가 여호와의 명령을 전하노라 여호와께서 내게 이르시되
너는 내아들이라 오늘 내가 너를 낳았도다
내게 구하라 내가 이방 나라를 네 유업으로 주리라
네 소유가 땅끝까지 이르리로다
네가 철장으로 그들을 깨뜨림이여 질그릇같이 부수리라 하시도다

生 (BIRTH)

EGO / SELF

אספרה אל חק יהוה אמר
אלי בני אתה אלי היום ילדתיך
שאל ממני ואתנה גוים נחלתך
ואחזתך אפסי ארץ
תרעם בשבט ברזל ככלי יוצר תנפצם

Ω A to Ω

אלהים יהוה / אלהי / אליהם יהוה
אלהים / אלהים אל / אליהם יהוה
אלה / אלהי אלה

EGO VS SELF

2X4 G VISION

死 ● ━━━━━ ● 生

60

다윗의 메시아 예언시로서 여호와의 그 기름부음 받은 자의 대적자들을 향한 경고이다. 이방 왕들의 인위에 대한 경고이다. 세상 나라의 권세도 모두가 다 여호와의 신위 앞에 꿇어져야 한다.

다윗은 하나님과 합한 자다. 인간으로서는 용서받지 못할 죄악을 저질렀어도 하나님을 향한 다윗의 진심의 중심을 보셨기에 다윗에게 많은 은혜를 베푸셨다. 다윗은 하나님께서 너는 내 아들이라 오늘 내가 너를 낳았다 하심을 믿어 의심치 않고 있다.

항상 하나님과 동행하는 삶을 살아야 한다.

'휘장 안에서 위대하신 분들'

그러므로 형제들아 우리가 예수
의 피를 힘입어 성소에 들어갈 담력
을 얻었나니 그 길은 우리를 위하여 휘장
가운데로 열어 놓으신 새롭고 산 길이
요 휘장은 곧 그의 육체니라 또 하나님
의 집 다스리는 큰 제사장이 계시매
우리가 마음에 뿌림을 받아 악한 양
심으로부터 벗어나고 몸은 맑은 물로
씻음을 받았으니 참 마음과 온전한
믿음으로 하나님께 나아가자 또 약
속하신 이는 미쁘시니 우리가 믿는 도리
의 소망을 움직이지 말며 굳게 잡고
서로 돌아보아 사랑과 선행을 격려
하며 모이기를 폐하는 어떤 사람들의
습관과 같이 하지 말고 오직 천하
그 날이 가까움을 볼수록 더욱 그리하자

GOAGAT

서로 돌아보아 사랑과 선행을 격려 하여 모이기를 폐하는 어떤 사람들의 습관

유대인들은 그리스도인이 된 후에도 성전에서 화려하게 드리는 제사를 잊지 못해 예수를 믿는다고 하면서도 이 성전 제사에 대한 향수를 잊지 못하였다. 그들에게 이제 그리스도 안에서 새로운 예배가 시작되었으므로 온전한 예배에 굳게 설 것을 권면한다.

진정한 예배의 완성자는 예수님이시다. 예수의 십자가와 부활, 구속을 완성하시자 이 모든 그림자는 철폐된 것이다. 그러므로 우리는 예수로 말미암아 항상 찬송의 제사를 하나님께 드리자. 이는 그 이름을 증언하는 입술의 열매다. 오직 선을 행함과 서로 나누어 주기를 잊지 말자. 하나님은 이같은 제사를 기뻐하신다. 우리는 서로 돌아보아 사랑과 선행을 서로 격려하며 하나님만 바라볼 뿐이다.

230820

따르라 하나님
하나님의 감동·진리의 말씀

우리가 진리를 아는 지식을 받은 후 짐짓 죄를 범한즉 다시 속죄하는 제사가 없고
오직 무서운 마음으로 심판을 기다리는 것과 대적하는 자를 태울 맹렬한 불만 있으리라
모세의 법을 폐한 자도 두세 증인으로 말미암아 불쌍히 여김을 받지 못하고 죽었거든
하물며 하나님의 아들을 짓밟고 자기를 거룩하게 한 언약의 피를 부정한 것으로
여기고 은혜의 성령을 욕되게 하는 자가 당연히 받을 형벌은 얼마나
더욱 중하겠느냐 너희는 생각하라
원수 갚는 것이 내게 있으니 내가 갚으리라 하시고 또 다시 주께서 그 백성을
심판하리라 말씀하신 것을 우리가 아나니
살아 계신 하나님의 손에 빠져 들어가는 것이 무서울진저
전날에 너희가 빛을 받은 후에 고난의 큰 싸움을 견디어 낸 것을 생각하라
혹은 비방과 환난으로써 사람에게 구경거리가 되고 혹은 이런 형편에 있는
자들과 사귀는 자가 되었으니
너희가 갇힌 자를 동정하고 너희 소유를 빼앗기는 것도 기쁘게 당한 것은
더 낫고 영구한 소유가 있는 줄 앎이라
그러므로 너희 담대함을 버리지 말라 이것이 큰 상을 얻게 하느니라
너희에게 인내가 필요함은 너희가 하나님의 뜻을 행한 후에 약속하신 것을
받기 위함이라
잠시 잠깐 후면 오실 이가 오시리니 지체하지 아니하시리라
나의 의인은 믿음으로 말미암아 살리라 또한 뒤로 물러가면
내 마음이 그를 기뻐하지 아니하리라 하셨느니라
우리는 뒤로 물러가 멸망할 자가 아니요 오직 영혼을 구원함에 이르는
믿음을 가진 자니라

εκουσιως γαρ αμαρτανοντων ημων
μετα το λαβειν την επιγνωσιν της
της αληθειας ουκετι περι αμαρτιων
ο αληθεια ουκετι περι αμαρτια ?

진리를 아는 지식

진정한 예배의 완성자는 예수님이시다. 구약의
제사 제도를 폐하시고 새로운 예배 방식을
창조한 예수님은 천사보다 큰 자이고, 모세보다 큰
자이고, 구약의 모든 믿음의 영웅들보다 큰 자이기
때문이다. 그러므로 우리는 예수로 말미암아 항상
찬송의 제사를 하나님께 드리자 이는 그 이름을
증언하는 입술의 열매이다. 오직 선을 행함과 서로
나누어 주기를 잊지 말자. 하나님은 이같은 제사를
기뻐하신다.

하나님의 진리의 말씀을 붙잡고 오직 영혼을
구원함에 이르는 믿음을 가지자.

해결해야하는 문제에서
존중해야하는 신비로 (히브리서 9:1-15)

첫 언약에도 섬기는 예법과 세상에 속한 성소가 있더라
예비한 첫 장막이 있고 그 안에 등잔대와 상과 진설병이 있으니
이는 성소라 일컫고
또 둘째 휘장 뒤에 있는 장막을 지성소라 일컫나니
금향로와 아론의 싹난 지팡이와 언약궤가 있고 그 안에 만나를 담은
금 항아리와 아론의 싹난 지팡이와 언약의 돌판들이 있고
그 위에 속죄소를 덮는 영광의 그룹들이 있으니
이것들에 관하여는 이제 낱낱이 말할 수 없노라
이 모든 것을 이같이 예비하였으니 제사장들이 항상 첫 장막에
들어가 섬기는 예식을 행하고
오직 둘째 장막은 대제사장이 홀로 일 년에 한 번 들어가되
자기와 백성의 허물을 위하여 드리는 피 없이는 아니하나니
성령이 이로써 보이신 것은 첫 장막이 서 있을 동안에는
성소에 들어가는 길이 아직 나타나지 아니한 것이라
이 장막은 현재까지의 비유니 이에 따라 드리는 예물과 제사는
섬기는 자를 그 양심상 온전하게 할 수 없나니
이런 것은 먹고 마시는 것과 여러 가지 씻는 것과 함께
육체의 예법일 뿐이며 개혁할 때까지 맡겨 둔 것이니라
그리스도께서는 장래 좋은 일의 대제사장으로 오사 손으로 짓지 아니한
곧 이 창조에 속하지 아니한 더 크고 온전한 장막으로 말미암아
염소와 송아지의 피로 하지 아니하고 오직 자기의 피로 영원한 속죄를 이루사
단번에 성소에 들어가셨느니라
염소와 황소의 피와 및 암송아지의 재를 부정한 자에게 뿌려
그 육체를 정결하게 하여 거룩하게 하거든
하물며 영원하신 성령으로 말미암아 흠 없는 자기를 하나님께 드린
그리스도의 피가 어찌 너희 양심을 죽은 행실에서 깨끗하게 하고
살아 계신 하나님을 섬기게 하지 못하겠느냐
이로 말미암아 그는 새 언약의 중보자시니 이는 첫 언약 때에 범한 죄에서
속량하려고 죽으사 부르심을 입은 자로 하여금 영원한 기업의
약속을 얻게 하려 하심이라

回歸

THE PRODIGAL GOD

YHWH

神

WHY WHAT HOW

6×6

THE TABERNACLE

신약의 레위기라고 할 수 있는 히브리서를 통해 구약에서는 동물을 잡아 제사를 드렸지만 신약에서는 온전한 제사법을 말한다. 그것은 예수님 자신이 제물이 되어 인간의 죄를 완전하게 없앤 제사 즉 단 한 번만으로도 효력이 있는 제사, 그래서 히브리서는 사람이 하나님을 직접 만날 수 있게 된 제사법을 언급한 것이다. 예수 그리스도는 대제사장이자 새 언약의 중보자이시다.

그러므로 우리는 예수님의 십자가와 부활 사건으로 제사장을 통하지 아니하고 하나님을 직접 만날 수 있게 한 만인 제사장이 될 수 있다. 항상 하나님과 대면할 수 있고 매일 어디서든지 기도로 하나님과 친밀한 대화를 할 수 있는 것이다.

230903

온전한 삶의 떠림'
누가 17:5-10
야고보 3:1~6

תורה יהוה
ישרה

사도들이 주께 여자오되 우리에게 믿음을 더하소서하니
주께서 이르시되 너희에게 겨자씨 한 알만한 믿음이 있었더라면
이 뽕나무더러 뿌리가 뽑혀 바다에 심기어라하였을것이요
그것이 너희에게 순종하였으리라
너희 중 누구에게 밭을 갈거나 양을 치거나하는 종이 있어 밭에서 돌아오면
그더러 곧 와 앉아서 먹으라 말할자가 있느냐
도리어 그더러 내 먹을것을 준비하고 띠를 띠고 내가 먹고마시는동안에
수종들고 너는 그후에 먹고마시라 하지 아니하겠느냐
명한대로 하였다고 종에게 감사하겠느냐
이와같이 너희도 명령 받은것을 다행한후에 이르기를 우리는 무익한종이라
우리가 하여야할 일을 한것뿐이라 하을지니라

그런데 바리새인들에 시오데 모라하는 사람 이옼으나 유대의 지도자라
가 밤에 예수께와 이르러 랍비여 우리가 당신은 하나님께로부터오신
선생인줄 아나이다 하나님이 함께하지 아니하시면 당신이 행하시는
이 표적을 아무도할수 없나이다

사대교회의 사자에게 편지하라 하나님의 일곱 영과 일곱 별을 가지신이가 이르시되
네가 네 행위를 아노니 네가 살았다하는 이름은 가졌으나 죽은자로다
너는 일깨워 그남은 바 죽게된것을 굳건하게하라 내 하나님 앞에
네 행위의 온전한것을 찾지 못하였노니
그러므로 네가 어떻게 받았으며 어떻게 들었는지 생각하고 지키어 회개하라
내 하나님 앞에 네 행위의 온전한것을 찾지 못하였노니
그러므로 네가 어떻게 받았으며 어떻게 들었는지
귀있는자는 성령이 교회들에게 하시는 말씀을 들을지어다

績金

MY
FUTURE
IS IN
GOD'S
HANDS

하나님의 종으로서 우리의 믿음을 어떻게
가져야 하나? 첫째는 하나님께 순종하는
것이다. 하나님의 명령을 소중히 이행하고 순종하므로
우리의 믿음이 실현될 수 있는 것이다. 이것은
하나님이 창조한 세계를 운행하는 방식이다. 삶의
우선순위를 깊은 침묵 속에서 하나님의 명령을 잘
들어서 순종하며 실행하므로 하나님의 뜻을 실현하는
것이다.

니고데모의 예는 남의 시선을 피해 예수님을 뵙고
하나님의 아들인 것을 인정하면서 어떻게 믿음을
가져야 하는가라는 질문에 성령으로 거듭나야 한다고
말씀하신다.

또한 사데 교회에 따가운 질책을 하시며 너희가
온전히 살지 못한 것은 죽은 것이나 다름 없으며,
항상 자기를 돌아보고 회개하고 성경의 말씀에
귀기울이라는 교훈은 지금 우리가 귀담아 들어야 할
하나님의 질책이다. 항상 말씀을 묵상하며 하나님의
말씀을 듣는 훈련을 게으르게 하지 말아야 할 것이다.

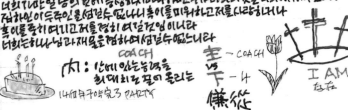

230910

'COACH 눅가 16:1-13

또한 제자들에게 이르시되 어떤 부자에게 청지기가 있는데
그가 주인의 소유를 낭비한다는 말이 그 주인에게 들린지라
주인이 그를 불러 이르되 내가 네게 대하여 들은 이 말이 어찌 됨이냐
네가 보던 일을 셈하라 청지기 직무를 계속하지 못하리라 하니
청지기가 속으로 이르되 주인이 내 직분을 빼앗으니 내가 무엇을 할까
땅을 파자니 힘이 없고 빌어먹자니 부끄럽구나
내가 할 일을 알았도다 이렇게 하면 직분을 빼앗긴 후에 사람들이
나를 자기 집으로 영접하리라 하고
주인에게 빚진 자를 일일이 불러다가 먼저 온 자에게 이르되
네가 내 주인에게 얼마나 빚졌느냐
말하되 기름 백 말이니라 이르되 여기 네 증서를 가지고 빨리 앉아 오십이라 쓰라 하고
또 다른 이에게 이르되 너는 얼마나 빚졌느냐 이르되 밀 백 석이니이다
여기 네 증서를 가지고 팔십이라 쓰라 하였는지라
주인이 이 옳지 않은 청지기가 일을 지혜 있게 하였으므로 칭찬하였으니
이 세대의 아들들이 자기 시대에 있어서는 빛의 아들들보다 더 지혜로움이니라
내가 너희에게 말하노니 불의의 재물로 친구를 사귀라 그리하면
그 재물이 없어질 때에 그들이 너희를 영주할 처소로 영접하리라
지극히 작은 것에 충성된 자는 큰 것에도 충성되고 지극히 작은 것에 불의한 자는
큰 것에도 불의하니라
너희가 만일 불의한 재물에도 충성하지 아니하면 누가 참된 것으로
너희에게 맡기겠느냐
너희가 만일 남의 것에 충성하지 아니하면 누가 너희의 것을 너희에게 주겠느냐
집 하인이 두 주인을 섬길 수 없나니 혹 이를 미워하고 저를 사랑하거나
혹 이를 중히 여기고 저를 경히 여길 것임이니라
너희는 하나님과 재물을 겸하여 섬길 수 없느니라

COACH
內: 안에 있는 능력을
최대치로 꼴어 올리는

14대 구약 읽기 PARTY

主 ~ COACH
vs
下 - 4

儀 從

I AM
左右

불의한 청지기의 비유는 하나님을 믿는 자가 내세의 상급을 얻기 위해 이 세상에 있을 동안 그 소유한 물질로 구제하는 것이 지혜롭다는 비유로 볼 수 있다. 그 당시 물질을 좋아하는 바리새인의 비만을 꼬집기도 하셨다.

하나님은 재물을 어떻게 다루어야 좋을지 우리 안에 있는 능력을 최대로 끌어올리려는 자상한 코치처럼 비유로 말씀하시고 성도들의 성경적 재물관에 대한 경종의 말씀을 주신다. 재물은 자신의 힘으로 얻는 것이 아니라 하나님의 은혜로 주신 것이다. 불우한 이웃을 내 가족의 하나로 인식하고 십일조를 이웃에 돌리는 것은 하나님의 뜻이리라.

야곱과 요셉의 삶

함께11 5:20

230917

AND AS FOR YOU YOU LEANT
EVIL AGAINST US, BUT GOD
MEANT IT FOR GOOD IN ORDER
TO BRING ABOUT THE PRESENT IT FOR
GOOD IN ORDER TO BRING ABOUT THIS
PRESENT RESULT TO PRESERVE MANS
PEOPLE ALIVE

요셉은 하나님이 아브라함의 언약을 통해
약속하신 하나님 나라 회복의 구속 역사를
이룰 자손을 형성하기 위한 하나님의 섭리적 계획임을
분명히 인식하였다. 형들이 자기에 행한 모든 것에
관하여 하나님이 그것을 선으로 바꾸시어 이스라엘
백성을 구원하시려 하셨으므로 형들을 용서하고
안심을 시키는 장면은 우리에게 하나님의 뜻을 살피고
사랑과 용서로 하나님의 선하심을 본받아 하나님의
구원의 회복에 동행하는 신앙 생활의 본을 보여준다.

삶에서 벌어지는 모든 상황들이 하나님의 섭리
안에서 어떻게 행하여지는가를 세밀하게 살피어서
나와 주변에 모든 이들에게 유익이 되는 삶으로
적극적으로 이끌어 가야 하는 것이다. 항상 하나님께
초점을 맞추어 내 삶에 적용해야 할 것이다.

「나의 안식할 처소가 어디냐!」
23.09.24
ACTS 7

여러분 부형들이여 들으소서 우리 조상 아브라함이 하란에 머물기 전에 메소보
다미아에 있을 때에 영광의 하나님이 그에게 보여 이르시되 네 고향과 친
척을 떠나 내가 네게 보일 땅으로 가라 하시는 아브라함이 갈대아 사람의 땅
을 떠나 하란에 거하다가 그의 아버지가 죽으매 하나님이 그를 거기서 너희
지금 사는 이 땅으로 옮기셨느니라 그러나 여기서 발붙일 만한 땅도 유업으로
주지 아니하시고 다만 이 땅을 이후에 자식도 없는 그와 그의 후손에게 소유로 주신다고

STEPHANOS

...

믿음의 조상 아브라함은 하란에서 하나님의 말씀대로 어디로 갈지 알지도 모르면서 모든 것을 정리하고 무작정 떠나는 큰 믿음을 보여주고 있다. 현실적으로 안정적으로 살던 곳을 떠나기는 참으로 큰 결심이었던 것 같다. 이삭, 야곱, 요셉으로 이어진 족장시대에 하나님은 그들에게 개인 교사 역할을 하셔서 훈련 시키시고, 믿음을 키워가게 하시고 이집트에서 출애굽을 시키기 전에 사막에서 40년 동안 모세를 훈련시키셨다. 하나님의 큰 그림과 하나님의 뜻을 따른 족장들의 역사를 보면 눈물겨운 믿음의 역사를 보게 된다.

우리도 항상 하나님의 음성을 듣는 훈련과 나의 위상(位相)을 생각하며 하나님의 명을 따르는 것을 족장들에게 배울 필요가 있다. 언제든지 하나님의 사인이 있으면 순종하며 믿음의 근육을 키워가야 하겠다.

231001　고린도전서 13장

하나님의 마음을 품어서 마지
바울과 실루아노와 디모데는
하나님 아버지와 주 예수 그리스
도 안에 있는 데살로니가인의 교
회에 편지하노니 은혜와 평강
이 너희에게 있을지어다
우리가 너희 모두로 말미암아 항
상 하나님께 감사하며 기도할
때에 너희를 기억함은
너희의 믿음의 역사와 사랑의 수
고와 우리 주 예수 그리스도에 대한
소망의 인내를 우리 하나님 아버
지 앞에서 쉬지 않고 기억함이니
하나님의 사랑하심을 받은 형제
들아 너희를 택하심을 아노라

우리는 부분적으로 알고 부분적으
로 예언하니
온전한 것이 올 때에는 부분적으
로 하던 것이 폐하리라
내가 어렸을 때에는 말하는 것이
어린 아이와 같고 생각하는 것이
어린 아이와 같다가 장성한 사람
이 되어서는 어린 아이의 일을 버렸
노라
우리가 지금은 거울로 보는 것같이
희미하나 그때에는 얼굴과 얼굴
을 대하여 볼 것이요 지금은 내가
부분적으로 아나 그때에는 주께
서 나를 아신 것같이 내가 온전히
알리라
그런즉 믿음 소망 사랑 이제 이 세 가지는
항상 있을 것인데 그중의 제일은 사
랑이라

thanks
911 day

사랑의 수고
└─ 忍耐

FAITH + HOPE + LOVE
1   2   3

FAITH·HOPE·LOVE
それゆえ、信仰と希望と愛
この三つは いつまでも 残る
その中で最も大いものは
愛である

고린도전서 13장은 사랑장이라고도 불린다.
성령의 은사를 앞세우고 불화와 반목을
일삼던 고린도 교인들에게 은사의 목적과 활용
자세를 논하던 바울은 이제 가장 근본적인 문제인
사랑에 관해 이야기한다.

바울은 사랑을 단순히 하나의 덕목으로 찬양하거나
교훈하는데 그치지 않고 사랑의 신앙적 의미를
밝혀준다. 신앙의 가장 큰 미덕은 사랑이다.
하나님께서도 죄인된 인간에 대한 사랑이 있기에
구원을 베풀어 주신 것이므로 사랑은 구원 종교인
기독교의 근본이요 본질이라고 할 수 있다.

믿음, 소망, 사랑 이 세 가지는 항상 있을 것인데 그
중에 제일은 사랑이다. 우리가 항상 마음에 담고
살아야 할 것이다.

피난가운데 우리의 한얼님관

누가 능히 서리요!

롬1006 ~ 요한계시록. 6. 7. 8

6 내가 보매 어린양이 일곱 인 중의 하나를 떼실 때에 내가 그때에 네 생물 중의 하나가 우뢰소리같이 이르되 오라하기로 내가 보니 흰말이 있는데 그 탄 자가 활을 가졌고 면류관을 받고 나아가서 이기고 또 이기려고 하더라 둘째 인을 떼실 때에 내가 들으니 둘째 생물이 말하되 오라하니 이에 다른 붉은 말이 나오더라 그 탄 자가 허락을 받아 땅에서 화평을 제하여 버리며 서로 죽이게 하고 또 큰 칼을 받았더라 셋째 인을 떼실 때에 내가 들으니 셋째 생물이 말하되 오라하기로 내가 보니 검은 말이 나오는데 그 탄 자가 손에 저울을 가졌더라 내가 네 생물 사이로부터 나는 듯한 음성을 들으니 가로되 한 데나리온에 밀 한 되요 한 데나리온에 보리 석 되로다 또 감람유와 포도주는 해치지 말라 하더라

7 이 일 후에 내가 네 천사가 땅 네 모퉁이에 선 것을 보니 땅의 사방의 바람을 붙잡아 바람으로 하여금 땅에나 바다에나 각종 나무에 불지 못하게 하더라 또 보매 다른 천사가 살아계신 하나님의 인을 가지고 해 돋는 데로부터 올라와서 땅과 바다를 해롭게 할 권세를 받은 네 천사를 향하여 큰 소리로 외쳐 이르되 우리가 우리 하나님의 종들의 이마에 인치기까지 땅이나 바다나 나무들을 해하지 말라 하더라 내가 인맞은 자의 수를 들으니 이스라엘 자손의 각 지파 중에서 인맞은 자들이 십사만 사천이니

8 일곱째 인을 떼실 때에 하늘이 반 시간쯤 고요하더니 내가 보매 하나님 앞에 일곱 천사가 섰는데 저희가 일곱 나팔을 받았더라 또 다른 천사가 와서 제단 곁에 서서 금 향로를 가지고 많은 향을 받았으니 이는 모든 성도의 기도들과 합하여 보좌 앞 금 제단에 드리고자 함이라 향연이 성도의 기도와 함께 천사의 손으로부터 하나님 앞으로 올라가는지라 천사가 향로를 가지고 제단의 불을 담아다가 땅에 쏟으매 우뢰와 음성과 번개와 지진이 나더라 일곱 나팔을 가진 일곱 천사가 나팔 불기를 준비하더라

ΑΠΟΚΑΛΥΨΙΣ

啓示錄

JOHANNES

KAI EIΔON OTE HNOIΞEN TO

KSOONI MAN PARK

仁義禮智

일곱 재앙이 내려진다. 이 재앙들은 예수님 재림 전에 내려지는 것이고 오직 하나님의 섭리로 이루어지며 이 땅 위의 모든 영역에 미치는 것이다.

나팔 재앙이 일어나기 전에 환난에서 구원 받는 자가 있음을 알려준다. 이들은 하나님의 인치심을 받은 십사만 사천명과 흰옷 입은 자들이다. 최후의 때가 되면 견디기 힘든 핍박과 재난이 온다는 것을 경고하지만 하나님의 백성들은 구원과 영생 얻게 된다는 것을 알려준다.

나팔들이 차례로 울리면서 자연과 하늘의 재앙들이 다시 한 번 일어난다. 마치 모세 시대 열 가지 재앙과 비슷한 재앙이 도래한다. 계시록에서 사탄이 멸망하고 실낙원의 역사는 끝이나고 진정한 의미에서 복락원의 역사가 펼쳐진다.

221015

하나님의 🐟 요나의 🐟
욘4 4:1-11

JONAH

요나가 매우 싫어하고 성내며
여호와께 기도하여 이르되 여호와여 내가 고국에 있을 때에
이러하겠다고 말씀하지 아니하였나이까
그러므로 내가 빨리 다시스로 도망하였사오니 주께서는 은혜로우시며
자비로우시며 노하기를 더디하시며 인애가 크시사 뜻을 돌이켜
재앙을 내리지 아니하시는 하나님이신 줄을 내가 알았음이니이다
여호와여 원하건대 이제 내 생명을 거두어가소서 사는것보다 죽는것이
내게 나음이니이다 하니
여호와께서 이르시되 네가 성내는것이 옳으냐 하시니라
요나가 성읍에서 나가서 그 성읍 동쪽에 앉되 거기서 자기를 위하여 초막을 짓고
그 성읍에 무슨 일이 일어나는가를 보려고 그 그늘 아래에 앉았더라
하나님 여호와께서 박 넝쿨을 예비하사 요나를 가리게 하셨으니
이는 그의 머리를 위하여 그늘이 지게 하며 그의 괴로움을 면하게 하려 하심이더라
요나가 박 넝쿨로 말미암아 심히 기뻐하였더니
하나님이 벌레를 예비하사 이튿날 새벽에 그 박 넝쿨을 갉아먹게 하시매 시드니라
해가 뜰 때에 하나님이 뜨거운 동풍을 예비하셨고 해가 요나의 머리에 쪼이매
요나가 혼미하여 스스로 죽기를 구하여 이르되 사는 것보다
죽는 것이 내게 나으니이다 하니라
하나님이 요나에게 이르시되 네가 이 박 넝쿨로 말미암아 성내는것이 어찌 옳으냐 하시니
그가 대답하되 내가 성내어 죽기까지 할지라도 옳으니이다 하니라
여호와께서 이르시되 네가 수고도 아니하였고 재배도 아니하였고
하룻밤에 났다가 하룻밤에 말라버린 이 박 넝쿨을 네가 아꼈거든
하물며 이 큰 성읍 니느웨에는 좌우를 분변하지 못하는 자가 십이만 여명이요
가축도 많이 있나니 내가 어찌 아끼지 아니하겠느냐 하시니라

일하시는 하나님

STAND
FOR
PAUL

JONAH

나는 어떤 눈으로 세상을 보는가? 요나가
하나님의 명을 어겨 도망하여도 하나님의 손
안에 있는 것이다. 세상을 창조하시고 전지전능하신
하나님은 물고기를 동원해 결국 요나를 니느웨로
보내시고 박넝쿨을 만들고 없애버리시는 하나님의
주권을 요나에게 보이시며 이스라엘 뿐 아니라
변방에 니느웨까지 구원하시려는 하나님의 뜻이
있음을 가르쳐 주신 것이다. 니느웨의 죄악에도
불구하고 심판을 늦추시고 인내하여 기다려주시고
요나를 통하여 니느웨의 구원을 이루시는 하나님의
큰 계획을 알 수 있다.

우리도 인내심을 가지고 복음을 모르고 세상 죄에
빠져 사는 사람들을 하나님처럼 사랑으로 기다려주고
이끌어 주어 하나님의 사랑을 가르치고 온전한
삶을 살도록 도와야 할 것이다. 쉬운 일은 아니지만
포기하지 아니하고 끈질기게 복음을 전해야 하리라.

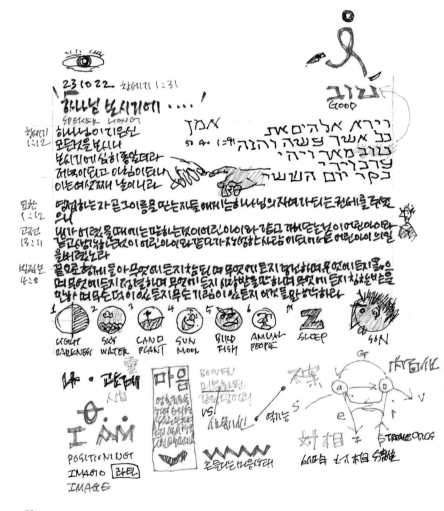

231022 창세기 1:31

하나님 보시기에 ····
SPEAKER KONG

하나님이 지으신
모든것을 보시니
보시기에 심히 좋았더라
저녁이 되고 아침이 되니
이는 여섯째 날이니라

영접하는 자 곧 그 이름을 믿는 자들에게는 하나님의 자녀가 되는 권세를 주셨으니

내가 어렸을 때에는 말하는 것이 어린아이와 같고 깨닫는 것이 어린아이와 같고 생각하는 것이 어린아이와 같다가 장성한 사람이 되어서는 어린아이의 일을 버렸노라

끝으로 형제들아 무엇에든지 참되며 무엇에든지 경건하며 무엇에든지 옳으며 무엇에든지 정결하며 무엇에든지 사랑받을 만하며 무엇에든지 칭찬받을 만하며 무슨 덕이 있든지 무슨 기림이 있든지 이것들을 생각하라

LIGHT DARKNESS   SKY WATER   LAND PLANT   SUN MOON   BIRD FISH   ANIMAL PEOPLE   SLEEP   SON

POSITIONING
IMAGO
IMAGE

GOOD

GOD

BOWEN

VS

STRATECOLOS

하나님이 모든 것을 창조하시고 하신 말씀은 하나님이 지으신 모든 것을 보시니 보시기에 '심히 좋았다'라고 하시고 안식에 들어가셨다. 이는 창조하신 모든 것이 한치의 오차도 없이 하나님의 계획대로 창조되었다는 뜻이다.

요한은 예수를 영접하고 그 이름을 믿는 자들에게는 하나님의 자녀가 되는 권세를 주셨다고 하였다. 이로써 우리는 하나님의 자녀로 인정받는 신분상승을 하게 되어 크리스챤으로서의 인정과 의무가 동시에 주어졌다. 우리들의 어깨가 무거워졌다고도 볼 수 있다. 항상 하나님의 복음을 들고 삶에서 세상의 모범이 되고 널리 복음의 전파자로 세상에 덕이 되고 하나님의 사랑을 전파하는 크리스챤으로 살아가야 하겠다는 다짐을 다시금 해 본다.

231105

'여호와께로돌아가자'

오라우리가여호와께로돌아가자
여호와께서우리를찢으셨으나도로
낫게하실것이요우리를치셨으나싸
매어주실것임이라
여호와께서이틀후에우리를살리시
며셋째날에우리를일으키시리니
우리가그의앞에서살리라
그러므로우리가여호와를알자힘써
여호와를알자그의나타나심은새
벽빛같이어김없나니비와같이
땅을적시는늦은비와같이우리에
게임하시리라하니라
에브라임아내가너에게어떻게
하랴유다야내가너에게어떻게
하랴너희의인애가아침구름이나
쉬없어지는이슬같도다
그러므로내가선지자들로그들을치고
내입으로말로그들을죽였노니내심
판은빛처럼나오느니라
나는인애를원하고제사를원하지
아니하며번제보다하나님을아는
것을원하노라

선악과
생명나무

אלהים
原罪 → RETURN

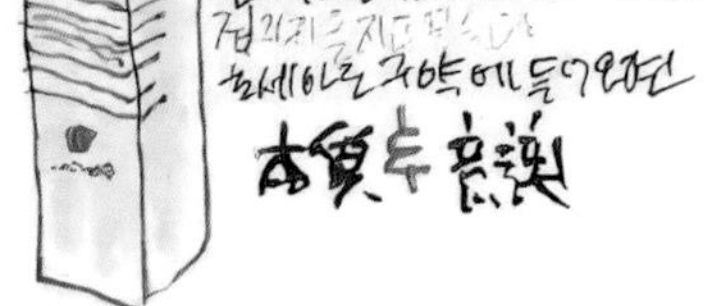
本質 与 意識

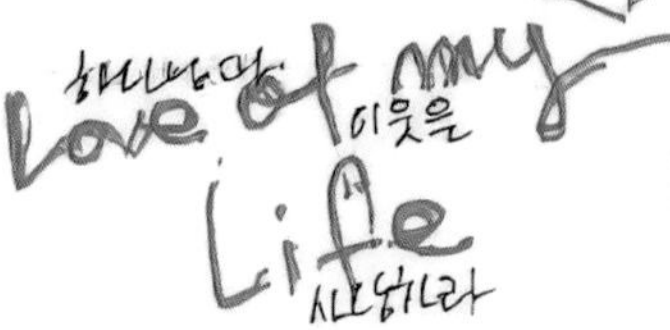
하나님을
Love of my
이웃을
Life
사랑하라

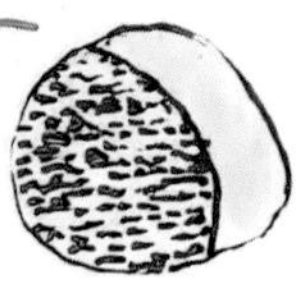

선악과 선망 나무

하나님의 분노는 우리에게 주시는 중요한
메시지로 보아야 한다. 기다려주시고
참으시다가 아주 매서운 벌을 주시기도 하신다.
그러나 진심으로 회개하면 그 상처를 치유해 주시는
따뜻한 분이시기도 하다. 하나님께서는 제사나
번제보다 하나님을 알고 하나님의 뜻에 맞게 사는
것을 더 원하신다. 구약의 역사를 보면 악을 저질러
벌을 받고 용서를 빌면 용서해주시는 반복의
역사였다.

지금의 우리는 어떠한가? 악이 판치는 자본주의
현실과 욕망의 바다에서 빠져나와 굳건히 악과 맞서
하나님의 나라를 만들어가기 위한 병사로 단단한
각오를 하여야 하겠다. 항상 하나님께 돌아가서
이 지상에 하나님 나라를 건설하는 적극적인
크리스챤으로, 세상의 모범시민으로 살아가 모든
사람들의 모범이 되는 삶을 살아가도록 다시 다짐해
본다.

롬11 12

너희가
거룩하게 입맞춤으로 서로문안하라
그리스도의 모든교회가

너희에게 문안하느니라

ROMANS
16:16

WARRING

שלום

너희가
거룩하게입맞춤으로
서로문안
여기라

그리스도의모든교회가너희에게
문안하느니라

Ασπασασθε αλληλους
εν ψιληματι αγιω
ασπαζομαι αλληλων
εν ψιλημα αγιος
Ασπαζονται υμας αι
εκκλησιαι πασαι αι ho
εκκλεσαι πασαι του
χριστιστος

바 울은 로마 교회에 간곡히 설득하고 있다.
바울은 교회의 건축자요, 일꾼이요, 목자요,
사도였으며 복음을 전파하기 위해서 자신의 삶을
쏟아 부은 사람이다.

바울 복음의 주요 내용은 하나님의 의다. 사람은 죄된
행위들뿐 아니라 본성적인 죄성의 상태에서 스스로
노력을 통해 하나님의 의의 기준에 이를 수 없다. 예수
그리스도의 십자가의 구속 사건을 믿는 믿음을 통해
하나님의 의를 덧입도록 하셨고 하나님의 은혜로만
죄에서 구원을 얻을 수 있게 하셨다.

하나님의 의를 덧입은 사람들은 이제 성령의 능력을
의지하여 성화의 과정으로 나아가게 된다. 예수
그리스도를 통해 구원받은 하나님의 백성들은 성령의
도우심으로 끊임없이 믿음으로 나아가고 모든 성도가
서로 입맞추고 문안하여 모든 교회가 서로 문안하고
협력하여야 하겠다.

라미o

감정과 영감의 가운데서 `나`

SMALL
18
×
18
800

다윗이 이스라엘에서 뽑은 무리 삼만명을 다시 모으고 다윗이 일어나자기 와 함께 있는 모든 사람과 더불어 바알레유다로 가서 거기서 하나님의 궤 곧 케루빔 위에 계신 그룹들 사이에 좌정하신 만군의 여호와의 이름으로 불리 는 것이라 그들이 하나님의 궤를 새 수레에 싣고 산에 있는 아비나답의 집에서 나 오는데 아비나답의 아들 웃사와 아효가 그 새 수레를 모니라 그들이 산에 있는 아비나답 의 집에서 하나님의 궤를 싣고 나올 때에 아효는 궤 앞에서 가고 다윗과 이스라엘 온 족속 은 잣나무로 만든 여러 가지 악기 와 수금과 비파와 소고와 양금 과 제금으로 여호와 앞에서 연주하더라 ● 그들이 나곤의 타작마당에 이르러서는 소들이 뛰므로 웃사가 손을 들어 하나님의 궤를 붙들었더니 여호와 하나님이 웃사가 잘못함으로 말미암아 진노하사 그를 그곳에서 치시므로 다윗이 분하여 그곳을 베레스웃사라 부르니 그 이름이 오늘까지 이르니라 다윗이 그 날에 여호와를 두려워 하여 이르되 여호와의 궤가 어찌 내게로 오리요 하고 다윗이 여호와의 궤를 옮겨 다윗 성 자기에게로 메어가기를 즐겨하지 아니하고 가드 사람 오벳에돔의 집으로 메어간지라 여호와의 궤가 가드 사람 오벳에돔의 집에 석달을 있었는데 여호와께서 오벳에돔과 그의 온 집에 복을 주시 니라 ● 어떤 사람이 다윗왕에게 아뢰어 이르되 여호와께서 하나님의 궤로 말미암아 오 벳에돔의 집과 그의 모든 소유에 복을 주셨다 한지라 다윗이 가서 하나님의 궤를 기쁨으로 메 고 오벳에돔의 집에서 다윗 성으로 올라갈새 여호와의 궤를 멘 사람들이 여섯 걸음을 가매 다윗이 소와 살진 송아지로 제사를 드리고 다윗이 여호와 앞에서 힘을 다하여 춤을 추는데 그 때에 다윗이 베 에봇을 입었더라 다윗과 온 이스라엘 족속이 이르러 다윗이 환호하며 나팔을 불며 여호와의 궤를 메어 오니라 사무엘하 6:1-15

GEORGE GEORGE S

네 발 넷이나 짐승과 다르던 넷째 짐승은 곧 세상의 넷째 나라인데 모든 나 라보다 달라서 온 천하를 삼키고 밟아 부서뜨릴 것이며 그 열뿔은 이 나라에서 일어날 열 왕이요 그 후에 또 하나가 일어나리니 그는 먼저 있던 자들과 다르고 또 세 왕을 복종시킬 것이며 그가 장차 지극히 높으신 이를 말하며 또 지극히 높으신 이의 성도를 괴롭게 할 것이며 그가 때와 법을 고치고자 할 것이며 성도들은 그의 손에 붙인 바 되어 한 때와 두 때와 반 때를 지내리라 그러나 심판이 내려서 그의 권세를 빼앗아 완전히 멸망시킬 것이요 나라와 권세와 온 천하 나라들의 위세가 지극히 높으신 이의 거룩한 백성에게 붙인 바 되리니 그의 나라는 영원한 나라이라 모든 권세 있는 자들이 다 그를 섬겨 복종하리라 하니라 다니엘 7:24-27

90 YEARS OLD 이래 =7 여×70=490 YEARS 회복 가지 보지 예수
BC 나라 돌아간 396년 위 이래 ×7=

2021
WorkMAN

88

다윗은 정권의 온전함과 견고함을 위해서
또한 모든 일을 하나님의 뜻에 합하게
행하기 위해서도 법궤를 시온 산성 즉 예루살렘으로
옮겨 오는 일이 급선무였다. 법궤를 옮겨오다 그
과정에서 웃사가 죽었고 미갈이 기뻐 뛰는 다윗을
보고 비웃다가 저주를 받아 아기를 낳지 못한 일도
있었다. 이런 가운데도 법궤의 위상은 절대적이고
유대인에게는 위엄 그 자체이다.

이 시대에도 우리도 예수 그리스도의 십자가를
바라보며 예수님이 가르쳐 주신 하나님 사랑, 이웃
사랑을 실천하여 우리 주변의 어려운 자들과 얼룩진
자들에게 복음으로 다가가서 서로 사랑하는 예수의
제자가 되자.

主의 은혜가 모든 者들에게

23.12.17 요한일서 1:1-10

태초부터 있는 생명의 말씀에 관하여는 우리가 들은 바요 눈으로 본 바요 자세히 보고 우리의 손으로 만진 바라 이 생명이 나타내신바 된지라 이 영원한 생명을 우리가 보았고 증언하여 너희에게 전하노니 이는 아버지와 함께 계시다가 우리에게 나타내신바 된 이라 우리가 보고 들은 바를 너희에게도 전함은 너희로 우리와 사귐이 있게 하려 함이니 우리의 사귐은 아버지와 그의 아들 예수 그리스도와 더불어 누림이라 우리가 이것을 씀은 우리의 기쁨이 충만하게 하려 함이라

우리가 그에게서 듣고 너희에게 전하는 소식은 이것이니 곧 하나님은 빛이시라 그에게는 어둠이 조금도 없으시니라 만일 우리가 하나님과 사귐이 있다 하고 어둠에 행하면 거짓말을 하고 진리를 행하지 아니함이거니와 그가 빛 가운데 계신 것 같이 우리도 빛 가운데 행하면 우리가 서로 사귐이 있고 그의 아들 예수의 피가 우리를 모든 죄에서 깨끗하게 하실 것이요 만일 우리가 죄가 없다고 말하면 스스로 속이고 또 진리가 우리 속에 있지 아니할 것이요 만일 우리가 우리 죄를 자백하면 그는 미쁘시고 의로우사 우리 죄를 사하시며 우리를 모든 불의에서 깨끗하게 하실 것이요 만일 우리가 범죄하지 아니하였다 하면 하나님을 거짓말 하는 이로 만드는 것이니 또한 그의 말씀이 우리 속에 있지 아니하니라

● 나의 자녀들아 내가 이것을 너희에게 씀은 너희로 죄를 범하지 않게 하려 함이라 만일 누가 죄를 범하여도 아버지 앞에서 우리에게 대언자가 있으니 곧 의로우신 예수 그리스도시라 그는 우리 죄를 위한 화목제물이니 우리만 위할 뿐 아니요 온 세상의 죄를 위하심이라 우리가 그의 계명을 지키면 이로써 우리가 그를 아는 줄로 알 것이요 그를 아노라 하고 그의 계명을 지키지 아니하는 자는 거짓말하는 자요 진리가 그 속에 있지 아니하되 누구든지 그의 말씀을 지키는 자는 하나님의 사랑이 참으로 그 속에서 온전하게 되었나니 이로써 우리가 그의 안에 있는 줄을 아노라 그의 안에 산다고 하는 자는 그가 행하시는 대로 자기도 행할지니라

感情 VS 聖靈   성령으로 EGO을 관리하리라

★ 너희가 진리로 온유해지다

200EA

날숨의 말씀
BLESS OF LIFE
生靈   LIVING SOUL

90

교회가 처음 시작할 때 초대 교회에 개종하는 유대교도와 이방 신자들이 그들이 전에 가졌던 믿음에 관한 이론들로 기독교 신앙을 변질시키려 했다. 이들로 인해 이단과 배교가 일어났으며 이러한 잘못으로 특히 그리스도의 인성을 부인하는 영지주의자들이 성행했다.

사도 요한은 그리스도를 직접 만져 보기도 하고 보기도 했다고 하면서 그리스도의 인성을 강조하고 신성을 부인하는 자들을 반박하고 참 성도는 계시로 참지식을 알게 된다고 말한다. 영지주의는 헬레니즘 사상을 근간으로 하는 이원론적 범신론적 우주관과 기독교 순수신앙을 혼합시켜 만든 것이다.

오늘날 기독교에도 이단들이 우후죽순으로 성행하고 있다. 이 시대에 거짓 교리로 우리를 유혹하는 이단에 맞서 확고한 신앙을 지켜야 한다.

'王이신 나의 하나님'

231224

눅가 2:21-24 安息

公義 VS 正義

8 할례後

할례할날이되매
그이름을예수라하니
곧
잉태하기前에天사가일컫은바러라
모세의法대로정결예식의
날이찼매 아기를더리고
예루살렘에올라가니
이는主의율법에쓴바
첫태에처음난남자마다
主의거룩한자라하리라
한대로아기를主께드리고
또主의율법에말씀하신대로
산비둘기한쌍이나
혹은어린집비둘기둘로
제사하려함이더라

{EPOCHE}
ΕποΧη

SWEBLE.

止

WHY
WHAT HOW

*

MERRY CRISTMAS

베들레헴 근교에서 양을 치는 목자들은
예루살렘 성전에서 제물로 바쳐질 양을 치는
목자들이다. 천사들은 일시적 제물인 양을 키우는
이 목자들에게 이제 단 한 번으로 드려질 제물 즉
세상 죄를 지고 갈 하나님의 어린 양이 태어났음을
알려주는 것이다. 다시는 이런 양들을 키울 필요가
없다는 것이다.

오늘은 예수 탄생일이다. 인류 모두가 예수님의
탄생을 축하하며 즐거워하는 날이다. 예수님의
공생애를 짚어 보고 서로 사랑하는 예수님의 말씀을
실천하겠다는 결심을 해본다.

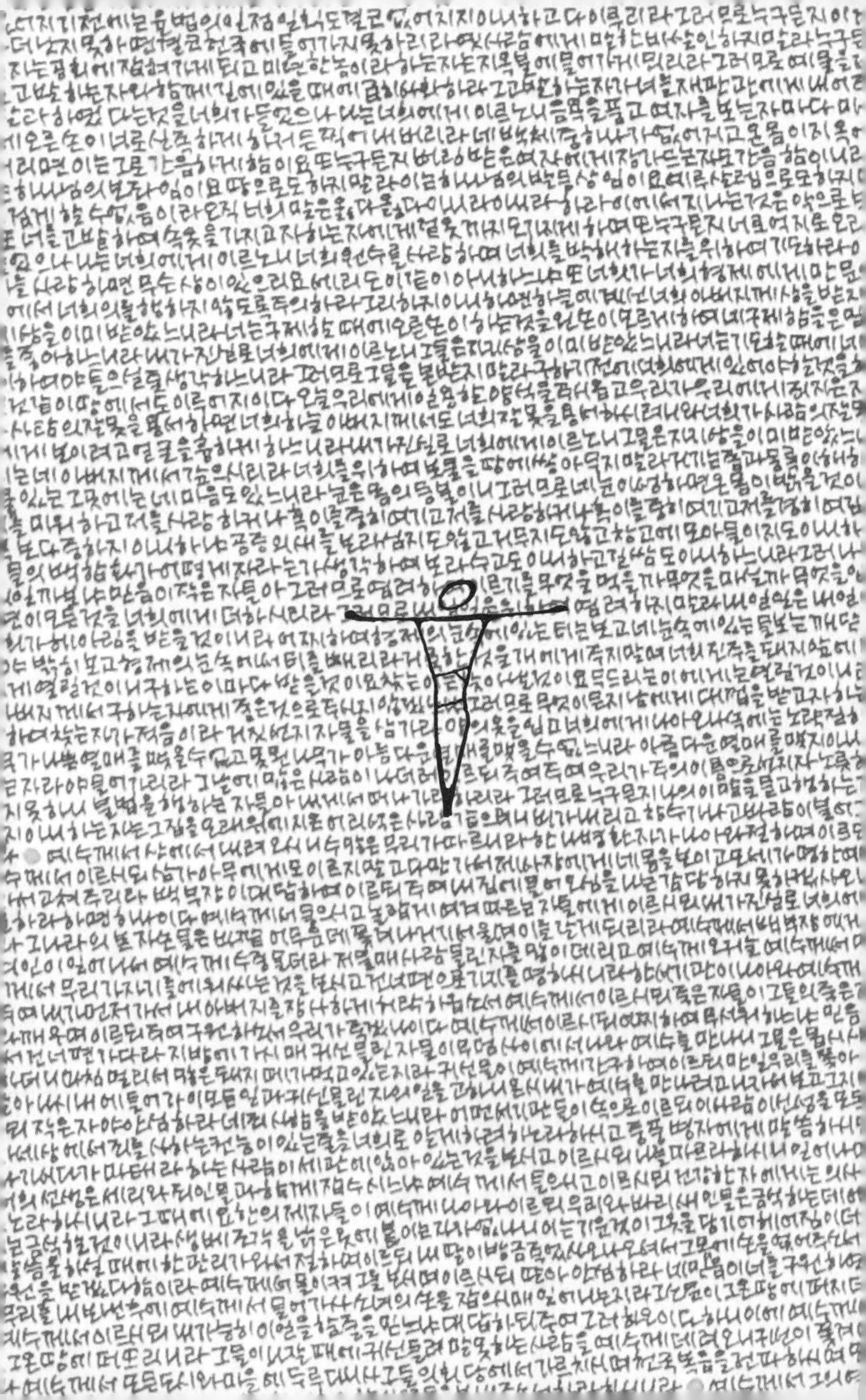

2 2024

240107

이사야 53:10-12

順命에게삼긴바되이함은에이른풍

여호와께서 그에게서 상함을 받게하시기를원하사
질혼를당하게하셨은즉 그의영혼을 속건제물로 드리기에이르면
그가씨를보게되며 그의날은긴것이요
또그의손으로여호와께서기뻐하시는 뜻을성취하리로다
그가자기영혼의 수고한것을 보고만족하게 여길것이라
나의의로운종이 자기지식 으로 많은 사람을 의롭게하며
또그들의 죄악을 친히 담당하리로다
그러므로 내가 그에게 존귀한자와함께 몫을 받게하며
강한자와함께 탈취한것을 나누게하리니
이는 그가자기영혼을 버려 사망에이르게하며
범죄자 중하나로헤아림을 받았음이라
그러나 그가많은사람의죄를 담당하며 범죄자를위하여 기도하였느니라

覚古
満足

진리

피

좁은길로가기

202∞2024

우리의 죄를 위하여 고난 받으시는 예수님의
모습이 가장 현장감 있게 묘사되고 있다.
여호와의 종 예수님의 모습은 이사야가 마치 십자가
밑에서 목격한 것처럼 생생하게 그리고 있다.
예수님의 발 아래 엎드려 그분의 고난에 동참하는
마음으로 회개와 감사로 읽어야 한다. 우리가 받아야
할 고난을 대신 받으신 것이다.

우리는 이사야처럼 회개와 감사의 마음으로 하나님의
종인 우리의 사명이 무엇인지 항상 기억해야 한다.

'사도행전 1:1-11'

'부활과 성령' —진리의영

24 01 28　　HELPER

(1)
1 데오빌로여 내가 쓴 글에 논 무릇 예수께서 행하시며 가르치시기를 시작하심부터
2 그가 택하신 사도들에게 성령으로 명하시고 승천하신 날까지의 일을 기록하였노라
3 그가 고난받은 후에 또한 그들에게 확실한 많은 증거로 친히 살아 계심을 나타내어 사십 일 동안 그들에게 보이시며 하나님 나라의 일을 말씀하시니라
4 사도와 함께 모이사 그들에게 분부하여 이르시되 예루살렘을 떠나지 말고 내게서 들은 바 아버지께서 약속하신 것을 기다리라
5 요한은 물로 세례를 베풀었으나 너희는 몇 날이 못되어 성령으로 세례를 받으리라 하셨느니라
6 그들이 모였을 때에 예수께 여쭈어 이르되 주께서 이스라엘 나라를 회복하심이 이때니이까 하니
7 이르시되 때와 시기는 아버지께서 자기의 권한에 두셨으니 너희가 알 바 아니요
8 오직 성령이 너희에게 임하시면 너희가 권능을 받고 예루살렘과 온 유대와 사마리아와 땅 끝까지 이르러 내 증인이 되리라 하시니라
9 이 말씀을 마치시고 그들이 보는 데서 올려져 가시니 구름이 그를 가리어 보이지 않게 하더라
10 올려가실 때에 제자들이 자세히 하늘을 쳐다보고 있는데 흰 옷 입은 두 사람이 그들 곁에 서서
11 이르되 갈릴리 사람들아 어찌하여 서서 하늘을 쳐다보느냐 너희 가운데서 하늘로 올려지신 이 예수는 하늘로 가심을 본 그대로 오시리라 하였느니라

1K　기K

성령 ＋ 말씀.

부활하신 예수그리스도

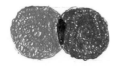

사도행전은 누가복음서의 연속이다.
누가복음서에서 예수님의 이야기를 기록하고
사도행전에서는 그분의 가르침을 제자들이 어떻게
실현하느냐에 관한 제자들의 행적을 기록하고 있다.
누가는 성부 하나님의 구약 사역을 이어받는 성자
하나님과 성령의 연속성과 통일성을 잘 보여준다.

예수님의 마지막 당부인 하나님 나라 회복 운동을
위해 양을 먹이라, 제자를 삼으라는 명령의 실행이
바로 사도행전이다. 성령세례를 받고 권능을 받아
예루살렘과 온 유대와 사마리아와 땅 끝까지 이르러
내 증인이 되라고 명령하시고 사도들의 복음 전도
사역의 시작을 알리고 있다.

'여호와 삼마'
240204
에스겔 22:13-21

여호와의 말씀이 내게 임하여 이르시되
인자야 너는 그때에 이르기를 너는 정결함
을 얻지 못한 땅이요 진노의 날에 비를 얻
지 못한 땅이요 진노의 날에 비를 얻지 못
한 땅이로다 하라 그 가운데 있어 선지자
들의 반역함이 우는 사자가 음식 물을 움
킴 같도다 그들이 사람의 영혼을 삼킴
으며 재산과 보물을 탈취하며 과부를
그 가운데에 많게 하였으며 그 제사장들
은 내 율법을 범하였으며 나의 성물을 더
럽혔으며 거룩함과 속된 것을 구별하지
아니하였으며 부정함과 속된 것을 구
별하지 아니하였으며 부정함과 정한 것
을 사람이 구별하게 하지 아니하였으며 그
의 눈을 가리어 나의 안식일을 보지 아니하
았으므로 내가 그들 가운데에서 더럽힘을 받
았느니라 그 가운데에서 그 관료들은 음식 물을 삼
키는 이리같아서 불의한 이익을 얻으려고
피를 흘려 영혼을 멸하거늘 그 선지자들이 그
들을 위하여 회를 칠하고 스스로 허탄한 이상
을 보며 거짓 복술을 행하여 여호와가 말하지
아니하였어도 주 여호와께서 이같이 말씀
하셨느니라 하였으며 이 땅 백성은 포악하
고 늑탈을 일삼고 가난하고 궁핍한 자를 압
제하고 나그네를 부당하게 학대하였으
므로 이 땅을 위하여 성을 쌓으며 성 무너
진 데를 막아서서 나로 하여금 멸하지 못하
게 할 사람을 내가 그 가운데에서 찾다가
찾지 못하였으므로 내가 나의 분노를 그들 위에
쏟으며 내 진노의 불로 멸하여 그들 행위대로
그들 행위대로 그들 머리에 보응하였느니라
주 여호와의 말씀이니라

하나님의
거기에 계신
마

뜻적

내영 되
계신

마가복

여호와의 말씀이
내게 임하여.
으니 인자 되
여호와의
삼마

DO
SEE

마가복 99

使者 마가복

함께 하시는 하나님 99

에스겔은 예루살렘의 종교적, 도덕적, 사회적 타락상을 낱낱이 파헤친다. 우상을 만들고, 성물을 가볍게 다루며, 안식일을 더럽히고, 음란한 제사를 드리고, 부모를 업신 여기며, 고아와 과부를 해치고, 근친 상관과 부절제한 성 행위, 권력 남용, 뇌물, 범죄라는 범죄는 다 망라하고 있다.

이에 하나님은 이스라엘 족속을 풀무 불 가운데 있는 놋이나 주석, 쇠나 납이나 은의 찌꺼기로 비유하고 패역한 이스라엘 족속의 상황을 매우 잘 반영하고 있다. 이런 범죄로 말미암아 이스라엘은 더 이상 하나님을 섬기는 예배 장소가 될 수 없었다. 이 시대에도 교회가 하나님의 영광이 떠나 있는 것은 아닌지 뒤돌아봐야겠다.

성전에서 흐르는 생가의 강

240211

요한복음 7:37-52

명절 끝날 곧 큰날에 예수께서 서서 외쳐 이르시되 누구든지 목마르거든 내게로 와서 마시라 나를 믿는 자는 성경에 이름과 같이 그 배에서 생수의 강이 흘러나오리라 하시니 이는 그를 믿는 자들이 받을 성령을 가리켜 말씀하신 것이라 예수께서 아직 영광을 받지 않으셨으므로 성령이 아직 그들에게 계시지 아니하시더라 이 말씀을 들은 무리 중에서 어떤 사람은 이가 참으로 선지자라 하며 어떤 사람은 그리스도라 하며 어떤 이들은 그리스도가 어찌 갈릴리에서 나겠느냐 성경에 이르기를 그리스도는 다윗의 씨로 또 다윗이 살던 마을 베들레헴에서 나오리라 하지 아니하였느냐 하며 예수로 말미암아 무리 중에서 쟁론이 되니 그 중에는 그를 잡고자 하는 자들도 있으나 손을 대는 자가 없더라

이러한 사람들이 대체 사정들과 바리새인들은 민지 아니하고 그들이 말하되 저 사람 여짜아 본지 아니하느냐 이 사람들이 대답하되 그 사람이 말하는 것처럼 말한 사람은 이때까지 없었으니 나이다 하니 바리새인들이 대답하되 도라 되었느냐 다 못 자들이나 바리새인 중에 그를 믿는 자가 있느냐 나 율법을 알지 못하는 이 무리는 저주를 받은 자로다 그들 중의 한 사람 곧 전에 예수께 왔던 니고데모가 그들에게 말하되 우리 율법은 다 사람의 말을 듣고 그 행한 것을 알기 전에 심판하느냐 그들이 대답하여 이르되 너도 갈릴리에서는 선지자 나느지 못하느니라 하였더라

ΧΡΙΣΤΙΑΝΟΣ

生水 = 聖靈

コロア

나의 길

영광

보여주셨다

예수 그리스도의 몸에
계시던 하나님은 나 바라
보며 우리가 하나님의
말씀을 따르는 자

생수의 강은 예수님을 믿는 자들이 받을 성령을 가리키는 말이다. 즉 예수님 자신이 생수라고 가르치시고 영원히 목마르지 않게 하는 생수를 말한다. 예수님은 인간의 갈급한 심령을 소생시키시고 변화시키는 샘이시고 그 물은 성령을 가리키는 것이다.

우리는 기도를 통해 항상 성령에 충만한 삶을 통해 성령이 알게 하시고 지시하는 명령을 잘 준행하여 서로 사랑하는 사회를 만들고 이 지상의 천국을 만들어가는 하나님의 종으로서의 삶으로 나 아닌 모든 인류를 사랑해야 한다.

'참 연금술사'
24.02.18

love
전 · 고린도 15:34-58

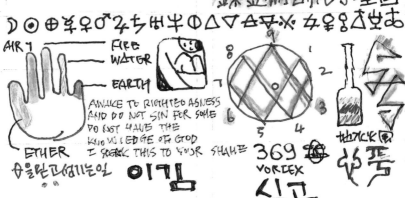

錬金術師 堅固

AIR
FIRE
WATER
EARTH
ETHER

PAUL.

AWAKE TO RIGHTEOUSNESS
AND DO NOT SIN FOR SOME
DO NOT HAVE THE
KNOWLEDGE OF GOD
I SPEAK THIS TO YOUR SHAME

369
VORTEX
심고

θ을받고성기는일 이김

love

바울은 고린도전서에서 부활에 관하여 전한다. 고린도 교회의 문제에 대한 바울의 해결 방안은 복음의 핵심인 그리스도의 부활이다. 분쟁이 있고, 음행이 있고, 결혼이 더럽혀지고, 은사 발휘가 혼란스러운 자는 부활의 질서에 참여치 못하는 '육에 속한 자'라는 바울의 질책이다. 또한 하나님 나라를 유업으로 받지 못하는 혈과 육에 속한 자라는 엄중한 책망이다. 바울은 진정한 부활의 은혜에 참여한 자는 현실에서도 죄와 죽음의 세력을 이기는 실력을 발휘한다고 말한다.

우리는 죄와 세상을 제압하는 부활의 질서에 속한 사람인가? 아니면 습관적으로 부활절만 지키는 자인가? 살펴볼 일이다.

240225 三位一体

믿음·나랑·소망

데살로니가전서 1:1-5

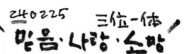

TODAY IS
PASS OVER

- 바울과 실루아노와 디모데는 하나님 아버지와 주 예수 그리스도 안에 있는 데살로니가인의 교회에 편지하노니 은혜와 평강이 너희에게 있을지어다
- 우리가 너희 모두로 말미암아 항상 하나님께 감사하며 기도할 때에 너희를 기억함은
- 너희의 믿음의 역사와 사랑의 수고와 우리 주 예수 그리스도에 대한 소망의 인내를 우리 하나님 아버지 앞에서 끊임없이 기억함이니
- 하나님의 사랑하심을 받은 형제들아 너희를 택하심을 아노라
- 이는 우리 복음이 너희에게 말로만 이른 것이 아니라 또한 능력과 성령과 큰 확신으로 된 것임이라 우리가 너희 가운데서 너희를 위하여 어떠한 사람이 된 것은 너희가 아는 바이니라

PAUL SILVANO AND
TIMOTHY TO THE C
HURCH OF THE T
HESSALONIANS IN
GOD THE FATHER A
ND THE LORD JESUS
CHRIST GRACE TO
YOU AND PEACE FR
OU GOD WE GIVE
THANKS TO GOD AL
WAYS FUR GOD AND

love

HAND
OF GOD

BILIVE
LOVE
HOPE

RELATION

אנצרים

位

三位-体

기름부음

PAUL
SILLA
OSMODE 3차

同役

三位-体

받아들임

옛

罪

舍

XPIΣTIAMOΣ
XPIΣTANOΣ

죄를 사하다
되어서 던져지다

한뜻을 따라
한 뜻 안에

바울은 복음을 접한 지 얼마 되지 않는
데살로니가 교회의 성도들이 환난
가운데서도 굳건히 신앙을 지키며 이웃 교회에 모범이
되는 것을 칭찬한다. 신앙의 힘은 연륜에 있는 것이
아니고, 신실하게 열심을 다하는데 있다는 사실을
보게 된다.

항상 기뻐하고, 쉬지말고 기도하고, 범사에 감사하고,
성령을 소멸치 말라고 바울은 이야기한다. 깊은
기도로 성령의 불씨를 불태워 성령과 함께 하는
시간을 갖고, 성경의 말씀에 귀 기울여 사랑으로
살아가는 우리가 되어야 하겠다. 왜냐하면 예수는
우리의 소망이기 때문이다.

새기기

HAMILOTIA

레위기 1:1-13

부릅시다

제사는 여호와...

[handwritten Korean text — Leviticus 1:1–13]

MOSES
유대인 200주...

촛대

ㄱㄹㅂ

COW

ROLLING B

BIBLE ㄲ ㄲ ☺ ㅁ ㄲ ㄱ ㄲ 또채

SIN → GRACE
GOD CHRIST
HOLY SPIRIT
DEATH 死 → 永遠 ETERNAL LIFE
나의 연약함
CAN'T → CAN

IXΘUS

너는 마음을 다하고 뜻을 다하여 너 하나님 여호와를 사랑하라

LORD
iam

레위기는 십계명의 각론이라고 볼 수 있다.
하나님과의 관계, 이웃과의 관계 회복이
하나님의 구속의 완성이기 때문이다.

번제는 제물을 다 태우는 제사이다. 이것은
자기부인을 말한다. 예수님께서도 자기를 부인하고
자기 십자가를 지고 나를 따르라고 부탁하셨다.
내려놓음을 강조하고 하나님의 주권을 인정하라는
것이다.

하나님과의 회복은 거룩을 통해서 온다는 것을
보여준다. 그 거룩성은 세속과 구별되는 것이고 그
가치관, 세계관은 바로 이 구별에 근간을 두고 있어야
한다. 세상과 구별되는 거룩성에 근거하는 하나님의
나라이다.

240310

하나님이주신
贖罪의 2가지 智慧
레위기 16:1-10

아론의 두아들 이 여호와 앞에 나아가다가 죽은후에 여호와께서 모세에게 말씀하시니라 여호와께서 모세에게 이르시되 네 형 아론에게 이르라 성소의 휘장 안 법궤 위 속죄소 앞에 아무때나 들어오지 말라 그리하여 죽지 않도록 하라 이는 내가 구름 가운데에서 속죄소 위에 나타남이니라 아론이 성소에 들어오려면 수송아지를 속죄제물로 삼고 숫양을 번제물로 삼고 거룩한 세마포 속옷을 입으며 세마포 속바지를 몸에 입고 세마포 띠를 띠며 세마포 관을 쓸지니 이것들은 거룩한 옷이라 물로 그의 몸을 씻고 입을 것이며 이스라엘 자손의 회중에게서 속죄제물로 삼기위하여 숫염소 한마리를 가려 가지라 어론은 자기를 위한 속죄제 의 수송아지를 드리되 자기와 집안을 위하여 속죄하고 또 그 두 염소를 가지고 회막문 여호와 앞에 두고 두 염소를 위하여 제비 뽑되 한 제비는 여호와를 위하고 한 제비는 아사셀을 위하여 할지며 아론은 여호와를 위하여 제비 뽑은 염소를 속죄제로 드리되 아사셀을 위하여 제비 뽑은 염소는 산 대로 여호와 앞에 두었다가 그것으로 속죄하고 아사셀을 위하여 광야로 보낼지니라

HOPE MY

LOVE

善 VS 惡

우리는 무엇을 向해가는가?

人 罪 맘 WHO AM I?
2024 0331
復=송節

하늘 기억

天 地 人 CENTER

AZAZEL 아사셀 숫염소

LIST
BUCKET

善 VS 惡

110

구약에서의 속죄는 중요한 의식이다.
속죄일에는 대제사장이 1년에 한 번
지성소에 들어가 속죄함을 받는 의식을 행하는
날이다. 그러나 대제사장인 예수님이 우리를 대신하여
제물이 되어 뿌린 피는 영원한 속죄력을 갖는다.
그러므로 나의 죄를 씻기는 예수의 피밖에 없네라는
찬송이 있는 것이다.

속죄일에 드리는 두 마리 염소 중 한 마리는 사람들의
속제제물로 바치기 위해 죽었다. 다른 한 마리의
염소는 특별하다. 염소의 몸에 두 손을 대로 백성들의
모든 죄를 염소 위에 고백하고 사람들의 죄를 뒤집어
씌어 그 염소를 광야로 내몰았다.

구약의 속죄는 1년간 유효하지만 신약의 속죄
유효기간은 영원하다.

240317

속죄의 두가지 지향제 ~ FOLLOW ME

with �

룻기 21:18~23

贖 罪 · 知慧 · 又스스로

光返照 · LOVE · HOPE

내가 진실로 진실로 너에게 이르노니 네가 젊어서는 스스로 띠 띠고 원하는 곳으로 다녔거니와 늙어서는 네 팔을 벌리리니 남이 너에게 띠 띠우고 원하지 아니하는 곳으로 데려가리라 이 말씀을 하심은 ... 이 말씀을 하시고 나를 따르라 하시니 ...

LOVE   따라시   HOPE

CREATIVE
LOVE HOPE

FOLLOW ME 主 FAMOS WORK

속죄제   광야 END
죄중 12CASE

갈릴리에서 만나자는 예수님의 약속을 따라
제자들은 갈릴리로 향하였다. 그러나
예수님이 더디 나타나자 성급한 베드로는 다시
고기잡이를 시작한다. 처음 예수님을 만날 때처럼
베드로는 밤을 맞도록 헛수고했다. 예수님이 오셔서
그물을 배 오른편에 던지라 하여 다시 베드로에게
많은 고기를 잡게 해주셨다. 잡은 고기를 구워 조찬을
나누면서 이전에 베드로에게 사람을 낚는 어부가
되게 하신다고 말씀하셨던 예수님은 이번에는 '
내 양을 먹이라'라고 하시면서 베드로의 순교를
예언하셨다.

내 양을 먹이라는 것은 예수님의 지상대명령이다.

24 03 24

우리가 그의 🏠 이다

새로운제사와 · 예수그리스도
히브리서 10:1-25

율법은 장차 올 좋은 일의 그림자일 뿐이요 참 형상이 아니므로 해마다 늘 드리는 같은 제사로는 나아오는 자들을 언제나 온전하게 할 수 없느니라 그럴진대 이 사람이 한번 섬기는 자들이 이단 번에 깨끗하게 되어 다시 죄를 깨닫는 일이 없으리니 어찌 제사 드리는 일을 그치지 아니하였으리요 그러나 이제 저 제물이 해마다 죄를 기억하게 하는 것이 있나니 이는 황소와 염소의 피가 능히 죄를 없이하지 못함이라 그러므로 주께서 세상에 임하실 때에 이르시되 하나님이 제사와 예물을 원하지 아니하시고 오직 나를 위하여 한 몸을 예비하였도다 번제와 속죄제는 기뻐하지 아니하시나니 이에 내가 말하기를 하나님이 여보시옵소서 두루마리 책에 나를 가리켜 기록된 것과 같이 하나님의 뜻을 행하러 왔나이다 하였느니라 위에 말씀하시기를 주께서는 제사와 예물과 번제와 속죄제는 원하지도 아니하고 기뻐하지도 아니하신다 하셨고 그것들은 다 율법을 따라 드리는 것이라 그 후에 이르시기를 보시옵소서 내가 하나님의 뜻을 행하러 오나이다 하셨으니 그 첫 것을 폐하심은 둘째 것을 세우려 하심이라 이 뜻을 따라 예수 그리스도의 몸을 단번에 드리심으로 말미암아 우리가 거룩함을 얻었노라 제사장마다 매일 서서 섬기며 자주 같은 제사를 드리되 이 제사는 언제든지 죄를 없게 하지 못하거니와 오직 그리스도는 죄를 위하여 한 영원한 제사를 드리시고 하나님 우편에 앉으사 그 후에 자기 원수들을 자기 발등상이 되게 하실 때까지 기다리시나니 그가 거룩하게 된 자들을 한 번의 제사로 영원히 온전하게 하셨느니라 또한 성령이 우리에게 증언하시되 주께서 이르시되 그 날 후로는 그들과 맺을 언약이 이것이라 하시고 내 법을 그들의 마음에 두고 그들의 생각에 기록하리라 하신 후에 또 그들의 죄와 그들의 불법을 내가 다시 기억하지 아니하리라 하셨으니 이것들을 사하셨은즉 다시 죄를 위하여 제사 드릴 것이 없느니라 그러므로 형제들아 우리가 예수의 피를 힘입어 성소에 들어갈 담력을 얻었나니 그 길은 우리를 위하여 휘장 가운데로 열어 놓으신 새로운 산 길이요 휘장은 곧 그의 육체니라 또 하나님의 집 다스리는 큰 제사장이 계시매 우리가 마음에 뿌림을 받아 악한 양심으로부터 벗어나고 몸을 맑은 물로 씻음을 받았으니 참 마음과 온전한 믿음으로 하나님께 나아가자 또 약속하신 이는 미쁘시니 우리가 믿는 도리의 소망을 움직이지 말며 굳게 잡고 서로 돌아보아 사랑과 선행을 격려하며 모이기를 폐하는 어떤 사람들의 습관과 같이 하지 말고 오직 권하여 그 날이 가까움을 볼수록 더욱 그리하자

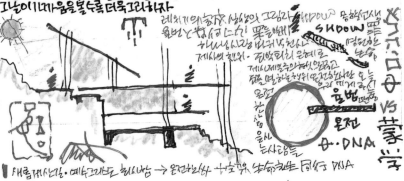

🔺 새로운제사와 · 예수그리스도 → 온전한의사 순종희생 同行 DNA

히브리서는 과거 성전 제사 방식으로
하나님께 예배를 드렸다가 그리스도인이
된 유대인들을 염두에 두고 히브리서를 기록했다.
유대인들은 그리스도인이 된 후에도 성전에서
화려하게 드리던 제사를 잊지 못하였다. 예수를
믿는다고 하면서도 이 성전 제사에 대한 향수를
잊지 못하였다. 그래서 성전 제사로 회귀하려고
하는 그들에게 그리스도 안에서 새로운 예배가
시작되었으므로 예배에 굳게 설 것을 권유하기 위해
히브리서를 기록했다.

구약의 성전 제도와 제사 제도와 제사장들은 예수님
사역의 그림자로서 그분이 십자가와 부활로 구속을
완성하시자 이 모든 그림자는 철폐되었다.

예수를 깊이 생각하고 바라보고 그에게 나아가
예수님의 분량까지 가도록 노력해야겠다.

240331

사랑하는 者야 '일어나 나와함께가자'

요한 17:19-26

- 또 그들을 위하여 내가 나를 거룩하게 하오니
  이는 그들도 진리로 거룩함을 얻게 하려 함이니이다

朱-未
CALLING FROM GOD

- 내가 비옵는 것은 이 사람들만 위함이 아니요
  또 그들의 말로 말미암아 나를 믿는 사람들도 위함이니

- 아버지여 아버지께서 내 안에 내가 아버지 안에 있는 것 같이
  그들도 다 하나가 되어 우리 안에 있게 하사
  세상으로 아버지께서 나를 보내신 것을 믿게 하옵소서

- 내게 주신 영광을 내가 그들에게 주었사오니
  이는 우리가 하나가 된 것 같이 그들도 하나가 되게 하려 함이니이다

- 곧 내가 그들 안에 있고 아버지께서 내 안에 계시어
  그들로 온전함을 이루어 하나가 되게 하려 함은
  아버지께서 나를 보내신 것과 또 나를 사랑하심 같이
  그들도 사랑하신 것을 세상으로 알게 하려 함이로소이다

BREAK FROM 脫
THE
CONVENTION 度

변혹의 나

- 아버지여 내게 주신 자도 나 있는 곳에 나와 함께 있어
  아버지께서 창세 전부터 나를 사랑하시므로 내게 주신
  나의 영광을 그들로 보게 하시기를 원하옵나이다

- 의로우신 아버지여 세상이 아버지를 알지 못하여도 나는 아버지를 알았사옵고
  그들도 아버지께서 나를 보내신 줄 알았사옵나이다

허령지각
虛靈知覺

- 내가 아버지의 이름을 그들에게 알게 하였고 또 알게 하리니
  이는 나를 사랑하신 사랑이 그들 안에 있고
  나도 그들 안에 있게 하려 함이니이다

WATCH
YOUR
STEP

HAPPY BOX

공통의
LOGO
사유.

3M

NO

耶土

사랑하는 者
함께 일어나
'나와함께 步@!!

PAUL

하나님은 우리들 모두에게 마음 속에 성령을 숨겨 놓게 창조하시어 따지고 보면 모든 인류에게는 하나님의 영이 숨겨져 있다. 그러므로 남을 나와 다른 나로 보아야 한다. 성령은 하나이기 때문이다. 남을 소홀히 여겨서는 안된다. 그에게도 나와 똑같은 하나님의 영이 공존하기 때문이다. 우리는 모든 사람을 사랑하고 배려하며, 서로 도움을 주어 하나님의 창조 원리대로 서로 사랑하고 아버지의 뜻을 받들어 이 지상에서 구현하는 하나님의 아들로 살아가야 하겠다.

그래서 요한은 하나님이 내 안에, 내가 하나님 안에 있다고 설파하고 있다. 우리 안에 성령의 말씀을 귀를 쫑긋 세워 듣고 삶에서 하나님의 사랑을 실행하고 이 세상을 에덴으로 만들어 가는 내가 되어야 한다. 항상 감사하고 기도로 하나님의 뜻을 잘 분별하여 좋은 세상을 만들어가야 한다.

2024 04 14

''福으로 빚어진 하나님의 자녀들'‥

심령이 가난한 자는 복이 있나니 천국이 그들의 것임이요 애통하는 자는 복이 있나니 그들이 위로를 받을 것임이요 온유한 자는 복이 있나니 그들이 땅을 기업으로 받을 것임이요 의에 주리고 목마른 자는 복이 있나니 그들이 배부를 것임이요 긍휼히 여기는 자는 복이 있나니 그들이 긍휼히 여김을 받을 것임이요 마음이 청결한 자는 복이 있나니 그들이 하나님을 볼 것임이요 화평하게 하는 자는 복이 있나니 그들이 하나님의 아들이라 일컬음을 받을 것임이요 의를 위하여 박해를 받은 자는 복이 있나니 천국이 그들의 것임이라 나로 말미암아 너희를 욕하고 박해하고 거짓으로 너희를 거슬러 모든 악한 말을 할 때에는 너희에게 복이 있나니 기뻐하고 즐거워하라 하늘에서 너희의 상이 큼이라 너희 전에 있던 선지자들도 이같이 박해하였느니라

복에 대한 확실한 가치관을 가르쳐 주신다.
하나님 나라 백성의 복에 대한 가치관은
복의 근원은 물질적이고 가시적인 것이 아니라 바로
여호와임을 분명히 밝힌다. 물질을 함께 나누어야
하나님께 영광이 된다는 것이다. 그것이 성경이
말하는 복이다. 예수님은 산상수훈에서 바로 하나님
나라의 복의 개념을 이렇게 정의하면서 8가지 하나님
나라 백성이 누릴 복을 가르쳐 주신다. 이 팔복 중
근원적인 복은 '심령이 가난한 자가 누리는 복이다'

산상수훈은 시내 산에서 언약을 맺고 하나님의
제사장 나라가 되기를 결단하는 이스라엘 백성에게
준 십계명과 같은 영적 의미가 있다. 예수님은 하나님
나라의 백성이 되고자 회개한 그의 제자들에게
하나님 나라의 가치관을 밝혀주시는 것이다.

240421

누구를 위해 신을 벗었는가?

룻기 4:1-22

보아스가 성문으로 올라가서 거기 앉아 있더니 마침 보아스가 말하던 기업 무를 자가 지나가는지라 보아스가 그에게 이르되 아무개여 이리로 와서 앉으라 하니 그가 와서 앉으매 보아스가 그 성읍 장로 열 명을 청하여 이르되 당신들은 여기 앉으라 하니 그들이 앉으매 보아스가 그 기업 무를 자에게 이르되 모압 지방에서 돌아온 나오미가 우리 형제 엘리멜렉의 소유지를 팔려 하므로 내가 여기 앉은 이들과 내 백성의 장로들 앞에서 그것을 사라고 네게 말하여 알리려 하였노라 만일 네가 무르려면 무르려니와 만일 무르지 아니하려거든 내게 고하여 알게 하라 네 다음은 나요 그 외에는 무를 자가 없느니라 하니 그가 이르되 내가 무르리라 하는지라 보아스가 이르되 네가 나오미의 손에서 그 밭을 사는 날에 곧 죽은 자의 아내 모압 여인 룻에게서 사서 그 죽은 자의 기업을 그의 이름으로 세워야 할지니라 하니 그 기업 무를 자가 이르되 나는 내 기업에 손해가 있을까 하여 나를 위하여 무르지 못하노니 내가 무를 것을 네가 무르라 나는 무르지 못하겠노라 하는지라

옛적 이스라엘 중에 모든 것을 무르거나 교환하는 일을 확정하기 위하여 사람이 그의 신을 벗어 그의 이웃에게 주더니 이것이 이스라엘 중에 증명하는 전례가 된지라 이에 그 기업 무를 자가 보아스에게 이르되 네가 너를 위하여 사라 하고 그의 신을 벗는지라 보아스가 장로들과 모든 백성에게 이르되 내가 나오미의 손에서 엘리멜렉과 기룐과 말론에게 있던 모든 것을 산 일에 너희가 오늘 증인이 되었고 또 말론의 아내 모압 여인 룻을 사서 나의 아내로 맞이하고 그 죽은 자의 기업을 그의 이름으로 세워 그의 이름이 그의 형제 중과 그 고향 성문에서 끊어지지 아니하게 함에 너희가 오늘 증인이 되었느니라 하니 성문에 있는 모든 백성과 장로들이 이르되 우리가 증인이 되나니 여호와께서 네 집에 들어가는 여인으로 이스라엘의 집을 세운 라헬, 레아 두 사람과 같게 하시고 너로 에브랏에서 유명하게 하시고 베들레헴에서 이름이 빛나게 하시기를 원하며 여호와께서 이 젊은 여자로 말미암아 네게 상속자를 주사 네 집이 다말이 유다에게 낳아 준 베레스의 집과 같게 하시기를 원하노라 하니라

이에 보아스가 룻을 맞이하여 아내로 삼고 그에게 들어갔더니 여호와께서 그에게 임신하게 하시므로 그가 아들을 낳은지라 여인들이 나오미에게 이르되 찬송할지로다 여호와께서 오늘 네게 기업 무를 자가 없게 하지 아니하셨도다 이 아이의 이름이 이스라엘 중에 유명하게 되기를 원하노라 이는 네 생명의 회복자이며 네 노년의 봉양자라 곧 너를 사랑하며 일곱 아들보다 귀한 네 며느리가 낳은 자로다 하니라 나오미가 아기를 받아 품에 품고 그의 양육자가 되니 그의 이웃 여인들이 그에게 이름을 지어 나오미에게 아들이 태어났다 하여 그의 이름을 오벳이라 하였는데 그는 다윗의 아버지인 이새의 아버지였더라 베레스의 계보는 이러하니라 베레스는 헤스론을 낳고 헤스론은 람을 낳고 람은 암미나답을 낳고 암미나답은 나손을 낳고 나손은 살몬을 낳고 살몬은 보아스를 낳고 보아스는 오벳을 낳고 오벳은 이새를 낳고 이새는 다윗을 낳았더라

RUTH

△10 신=양도

RUTH

정탐꾼

유다 다말

베레스

14 DAVID 기초 心靈이 가난한 者

여인, 낳음 : 바갯

城 城

기업 무를 자는 형제나 친족이 어려움에 부닥쳤을 때 그것을 해결해 주어야 하는 구속자이다. 따라서 친족이 팔려고 내놓은 땅을 일차적으로 살 수 있는 권리가 있는 등 이익을 보는 때도 있지만 대게 손실을 보는 것이 일반적이다. 계대 결혼의 의무까지 수행해야 하는 처지일 때는 더욱 그렇다. 그와 같은 이유로 엘리멜렉의 친족은 처음에는 단순히 자신의 유익이 되는 권리를 행사하려 했다가 나중에는 그것을 번복하여 자신의 권리를 보아스에게 넘긴다. 보아스는 자신에게 큰 손실이 미칠 것이 뻔했음에도 불구하고 자신에게 돌아올 의무를 마다하지 아니하고 성실하게 수행할 것을 선서하였다.

이는 죄인을 구속하시기 위해 내어 주신 그리스도를 보는 것 같다.

오직 義人은 믿음으로 말미암아 살리라

로마서 1:1-17

예수그리스도의종 바울은 사도로부르심을 받아 하나님의 복음을위하여 택정함을입었으니 이 복음은 하나님의 선지자들을통하여 그의 아들에 관하여 성경에 미리 약속하신 것이라고 그의 아들에 관하여 말하면 육신으로는 다윗의 혈통에서 나셨고 성결의 영으로는 죽은자들 가운데서 부활하사 능력으로 하나님의 아들로 선포되셨으니 곧 우리 주 예수그리스도시니라 그로 말미암아 우리가 은혜와 사도의 직분을 받아 그의 이름을 위하여 모든 이방인들에게서 믿어 순종하게 하나니 너희도 그들 중에서 예수그리스도의 것으로 부르심을 받은 자니라 로마에서 하나님의 사랑하심을 받고 성도로 부르심을 받은 모든 자에게 하나님 우리 아버지와 주 예수그리스도로부터 은혜와 평강이 있기를 원하노라 ● 먼저 내가 예수그리스도로 말미암아 너희 모든 사람에 관하여 내 하나님께 감사함은 너희 믿음이 온 세상에 전파됨이로다 내가 그의 아들의 복음 안에서 내 심령으로 섬기는 하나님이 나의 증인이 되시거니와 항상 내 기도에 쉬지 않고 너희를 말하며 어떻게 하든지 이제 하나님의 뜻 안에서 너희에게 가게 되어 나아갈 좋은 길 얻기를 구하노라 내가 너희 보기를 간절히 원하는 것은 어떤 신령한 은사를 너희에게 나누어 주어 너희를 견고하게 하려 함이나 이는 곧 내가 너희 가운데서 너희와 나의 믿음으로 말미암아 피차 안위함을 얻으려 함이라 형제들아 내가 여러 번 너희에게 가고자 한 것을 너희가 모르기를 원하지 아니하노니 이는 너희 중에서도 다른 이방인 중에서와 같이 열매를 맺게 하려 함이로되 지금까지 길이 막혔도다 헬라인이나 야만인이나 지혜 있는 자나 어리석은 자에게 다 내가 빚진 자라 그러므로 나는 할 수 있는 대로 로마에 있는 너희에게도 복음 전하기를 원하노라 내가 복음을 부끄러워하지 아니하노니 이 복음은 모든 믿는 자에게 구원을 주시는 하나님의 능력이 됨이라 먼저는 유대인에게요 그리고 헬라인에게로다 복음에는 하나님의 의가 나타나서 믿음으로 믿음에 이르게 하나니 기록된 바 오직 의인은 믿음으로 말미암아 살리라 함과 같으니라

SOMA GOOD NEWS

HAMARTIA

TOGETER

DNA

OFFERTORY BOX

로마서에서 바울이 전하는 복음의 핵심은 '의'
이다. 즉 죄란 근본적으로 하나님에 대한
불순종을 말한다. 아담의 불순종함으로써 모든
인류에게 그 죄가 전가됨으로 모든 인류는 죄의
상태에 있게 되었다. 죄란 하나님의 계명들을 어기는
범죄들의 이면에 있는 근원적 상태의 개념으로
이해할 수 있다. 죄는 하나님의 뜻을 거역하게 하며
결국은 사망에 이르게 한다.

'복음에는 하나님의 의가 나타나서 믿음으로 믿음에
이르게 하나니 기록된 바 오직 의인은 믿음으로
말미암아 살리라'라는 말씀 가운데에 바울의
이방인을 향한 강한 신념을 볼 수 있다.

240505

너는 내 사랑하는 아들이라

로마서 7:1-25

우리가 육신에 있을 때에는 율법으로 말미암는 죄의 정욕이 우리 지체 중에 역사하여 우리로 사망을 위하여 열매를 맺게 하였더니 이제는 우리가 얽매였던 것에 대하여 죽었으므로 율법에서 벗어났으니 이러므로 우리가 영의 새로운 것으로 섬길 것이요 율법 조문의 묵은 것으로 아니할지니 그런즉 우리가 무슨 말을 하리요 율법이 죄냐 그럴 수 없느니라 율법으로 말미암지 않고는 내가 죄를 알지 못하였으니 곧 율법이 탐내지 말라 하지 아니하였더라면 내가 탐심을 알지 못하였으리라 그러나 죄가 기회를 타서 계명으로 말미암아 내 속에서 온갖 탐심을 이루었나니 이는 율법이 없으면 죄가 죽은 것임이라 전에 법을 깨닫지 못했을 때에는 내가 살았더니 계명이 이르매 죄는 살아나고 나는 죽었도다 생명에 이르게 할 그 계명이 내게 대하여 도리어 사망에 이르게 하는 것이 되었도다 죄가 기회를 타서 계명으로 말미암아 나를 속이고 그것으로 나를 죽였는지라 이로 보건대 율법은 거룩하며 계명도 거룩하고 의로우며 선하도다 그런즉 선한 것이 내게 사망이 되었느냐 그럴 수 없느니라 오직 죄가 죄로 드러나기 위하여 선한 그것으로 말미암아 나를 죽게 만들었으니 이는 계명으로 말미암아 죄로 심히 죄 되게 하려 함이라 우리가 율법은 신령한 줄 알거니와 나는 육신에 속하여 죄 아래에 팔렸도다 내가 행하는 것을 내가 알지 못하노니 곧 내가 원하는 것은 행하지 아니하고 도리어 미워하는 것을 행함이라 만일 내가 원하지 아니하는 그것을 행하면 내가 이로써 율법이 선한 것을 시인하노니 이제는 그것을 행하는 자가 내가 아니요 내 속에 거하는 죄니라 내 속 곧 내 육신에 선한 것이 거하지 아니하는 줄을 아노니 원함은 내게 있으나 선을 행하는 것은 없노라 내가 원하는 바 선은 행하지 아니하고 도리어 원하지 아니하는 바 악을 행하는도다 만일 내가 원하지 아니하는 그것을 하면 이를 행하는 자가 내가 아니요 내 속에 거하는 죄니라 그러므로 내가 한 법을 깨달았노니 곧 선을 행하기 원하는 나에게 악이 함께 있는 것이로다 내 속 사람으로는 하나님의 법을 즐거워하되 내 지체 속에서 한 다른 법이 내 마음의 법과 싸워 나를 지체 속에 있는 죄의 법으로 나를 사로잡는 것을 보는도다 오호라 나는 곤고한 사람이로다 이 사망의 몸에서 누가 나를 건져내랴 우리 주 예수 그리스도로 말미암아 하나님께 감사하리로다 그런즉 내 자신이 마음으로는 하나님의 법을 육신으로는 죄의 법을 섬기노라

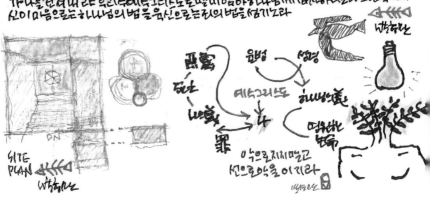

SITE PLAN

원법 → 성령
죄 → 하나님의 뜻
멸망에서 벗어남

악으로 지지 말고 선으로 악을 이기라

하나님의 은혜가 죄에 대한 면허증이 아니다.
율법은 죄와 동의어가 아니다. 오히려
율법은 모든 사람 안에 있는 죄를 지을 가능성을
드러내기 때문에 좋은 것이다. 율법이 드러내는
죄의 상태로부터의 구원은 예수 그리스도 안에서
발견된다. 하나님의 의가 율법과 상관없이 신자에게
주어졌다는 사실이 곧 거룩한 삶의 필요성도 부인하는
것을 의미하지는 않는다.

믿음의 의는 성도를 의롭다고 선언하는 것으로
그치지 않고 성도를 의롭게 만드는 효과를 지닌다.
하나님의 거룩한 성품을 반영하는 새로운 삶으로
이끌어 주시는 것이다. 믿음으로 의롭게 된 성도는
하나님의 거룩을 반영하는 새로운 삶 곧 성화의
삶으로 나아가야 한다.

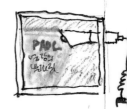

24 05 19

영감의 낙서장

로마서 10:1-15

형제들아 내 마음에 원하는 바와 하나님께 구하는 바는 이스라엘을 위함이니 곧 그들로 구원을 받게 함이라 내가 증언하노니 그들이 하나님께 열심이 있으나 올바른 지식을 따른 것이 아니니라 하나님의 의를 **PAUL** 내가 증언하노니 그들이 하나님께 열심이 있으나 모르고 자기 의를 세우려고 힘써 하나님의 의를 세우려 하심을 하나님의 의에 복종하지 아니하였느니라 그리스도는 모든 믿는 자에게 의를 위하여 율법의 마침이 되시니라 모세가 기록하되 율법으로 말미암는 의를 행하는 사람은 그 의로 살리라 하였거니와 믿음으로 말미암는 의는 이르되 네 마음에 누가 올라가겠느냐 하지 말라 하니 올라가겠느냐 함은 그리스도를 모셔 내리려는 것이요 혹은 누가 무저갱에 내려가겠느냐 하지 말라 하니 내려가겠느냐 함은 그리스도를 죽은 자 가운데서 모셔 올리려는 것이라 그러면 무엇을 말하느냐 말씀이 네게 가까워 네 입에 있으며 네 마음에 있다 하였으니 곧 우리가 전파하는 믿음의 말씀이라 네가 만일 네 입으로 예수를 주로 시인하며 또 하나님께서 그를 죽은 자 가운데서 살리신 것을 네 마음에 믿으면 구원을 받으리라 사람이 마음으로 믿어 의에 이르고 입으로 시인하여 구원에 이르느니라 성경에 이르되 누구든지 그를 믿는 자는 부끄러움을 당하지 아니하리라 하니 유대인이나 헬라인이나 차별이 없음이라 한 분이신 주께서 모든 사람의 주가 되사 그를 부르는 모든 사람에게 부요하시도다 누구든지 주의 이름을 부르는 자는 구원을 받으리라 그런즉 그들이 믿지 아니하는 이를 어찌 부르리요 믿지도 못한 이를 어찌 믿으리요 보내심을 받지 아니하였으면 어찌 전파하리요 기록된 바 아름답도다 좋은 소식을 전하는 자들의 발이여 함과 같으니라

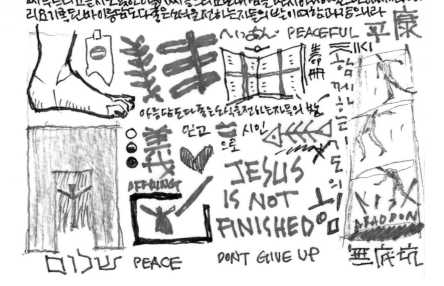

헤이와 PEACEFUL 平康

아름답도다 좋은 소식을 전하는 자들의 발

믿고 시인 으로

JESUS IS NOT FINISHED 임

義 OFFRING

미가봄 PEACE   DON'T GIVE UP   無底坑

이스라엘의 현재의 영적 상태는 불신이라는 한 단어로 묘사될 수 있다. 이스라엘은 그 불신 속에서 복음의 메시지에 대한 하나님의 예증이 되고 있다. 우리에게 신앙고백이 중요한 까닭은 일차적으로 신앙고백을 통하여 하나님과 더 깊은 인격적 교제를 나눌 수 있기 때문이다. 신앙고백 없이 하나님이 구원하신다면 그것은 하나님이 일방적으로 인간을 구원하시는 셈이 되며 그 가운데 인격적 교제는 불가능하게 된다. 따라서 신앙고백은 하나님과의 원만한 교제를 위하여 필요하다.

이렇듯 나는 신앙고백을 통하여 나의 신앙고백의 내용대로 삶을 살 것을 다짐하게 되고 또 자신의 신앙생활을 점검할 수 있는 것이다.

24 0526

'믿으라 하나 버리지 말고 거저 얻느니라'

로마서 10:1-10

형제들아 내 마음에 원하는 바와 하나님께 求하는 바는 이스라엘을 위함이니 곧 그들로 구원을 받게 함이라 내가 증언하노니 그들이 하나님께 열심히 있으나 올바른 지식을 따른 것이 아니니라 하나님의 의를 모르고 자기 의를 세우려고 힘써 하나님의 義에 복종하지 아니하였느니라 그리스도는 모든 믿는 자에게 의를 이루기 위하여 율법의 마침이 되시니라 모세가 기록하되 율법으로 말미암는 의를 행하는 사람은 그 의로 살리라 하였거니와

믿음으로 말미암는 義는 이같이 말하되 네 마음에 누가 하늘에 올라가겠느냐 하지 말라 곧 그리스도를 모셔 내리려는 것이요 혹은 누가 무저갱에 내려가겠느냐 하지 말라 곧 그리스도를 죽은 자 가운데서 모셔 올리려는 것이라 그러면 무엇을 말하느냐 말씀이 네게 가까워 네 입에 있으며 네 마음에 있다 하였으니 곧 우리가 전파하는 믿음의 말씀이라

네가 만일 네 입으로 예수를 주로 시인하며 또 하나님께서 그를 죽은 자 가운데서 살리신 것을 네 마음에 믿으면 구원을 받으리라 사람이 마음으로 믿어 의에 이르고 입으로 시인하여 구원에 이르느니라

救 拯 Bone에 ♡a

믿으라 하나 너희 罪 가져 얻느니라 〰〰

이기는 者

눈

사람이 마음으로 믿어 의에 이르고 입으로 시인하여 구원에 이르느니라

神의 말씀을 듣는 者

입으로 是認 하여 救의 義에 이르느니라

레마 / 義의 말씀 · 믿음으로 말씀   LOGOS   ME TOO

↳ 오늘, 지금 나에게 주시는 神의 말씀

W하가요

이스라엘의 현재의 영적 상태는 불신이라는 한 단어로 묘사될 수 있다. 이스라엘은 그 불신 속에서 복음의 메시지에 대한 하나의 예증이 되고 있다. 즉 복음을 받아들이기 위해서는 믿어야 한다는 것이다. 바울은 이스라엘의 책임을 이스라엘의 불신이라는 점에서 질책한다. 바울은 2가지의 의를 제시했는데 하나는 예수를 믿는 자에게 선물로 주신 하나님의 의이고 하나는 율법에 순종하여 얻는 행위의 의이다.

유대인들은 믿음의 의에 순복하려 하지 않고 민족적이고 종교적인 교만으로 그들로 하여금 단순한 믿음에서 맹목적인 종교로 등을 돌리게 하였다. 바울의 집요하고 끈질긴 사역에 우리는 배울 바가 있다.

240602 '조이선비의 하나님'

로마서 10:10

사람이 마음으로 믿어 의에 이르고
입으로 시인하여 구원에 이르느니라

同行：임마누엘
是認：：그러하다

INRI

IESVS
NAZARENVS
REX
IVDAEORVM

JESUS DE NAZARET REY DE LOS JUDIOS

이스라엘의 영적 상태는 불신이라는 한 단어로 묘사될 수 있다. 10장 10절에 '사람이 마음으로 믿어 의에 이르고 입으로 시인하여 구원에 이르느니'라는 예수를 믿는 자에게 선물로 주신 것은 하나님의 의이다. 오직 그 말씀이 네게 매우 가까워서 네 입에 있으며 네 마음에 있은즉 네가 이를 행할 수 있다는 것이다. 율법을 순종하여 얻는 행위의 의 곧 모세의 율법은 더 이상 인간을 다루시는 하나님의 방법이 아니다. 하나님은 그리스도가 세상을 위하여 죽으신 십자가로 인간을 다스리신다.

마음으로 믿고 입으로 선포하며 예수님의 제자로 살아갈 뿐이다.

'느보산의 모세'
신명기 34:1-7

MOSE

AT NEBO

모세가 모압 땅지에서 느보산에 올라 이르매 여호와께서 길르앗 온땅을 단까지 보이시고 또온 납달리와 에브라임과 므낫세의 땅과 서해까지유다 온 땅과 네겝과 종려나무의 성읍 여리고 골짜기 평지를 소알까지 보이시고 여호와께 재네가 아브라함과 이삭과 야곱에게 맹세하여 그 후손에게 이삭과 야곱에게 네눈으로 보게하였 거니와 너는 그리로 건너가지 못하리라 하시매 이 여호와의 종 모세가 여호와의 말씀대로 모압 땅에서 죽어 벧브올 맞은편 모압땅 여오는 곳지이나 이장하되 었고 오늘까지 그의 묻힌 곳을 아느자가 없느니라 모세가 죽을때 나이백이십세였으나 그의 눈이 흐리지 아니 하였고 기력이 쇠하지 아니 하였더라

AT /現
MOAB   혼자   40 사역   호화→유배

WHY NOT?   LOVE   ENE GE   120   3Ø

MOUNT NEBO

REFUGEES. WHO AM I? 아빠 UTOPIA : 개나안땅에서?

ויעל משה מערבת מואב אל הר נבו ראש
הפסגה אשר על פני ירחו ויראהו יהוה את
יהוה את כל הארץ את הגלעד עד דן

모세는 죽음을 앞두고 느보산에 올라가 민족을 위해 간구하고 있다. 모세는 120년을 살았는데 애굽에서 왕자로 40년, 미디안 목자로 40년, 선지자로 40년을 살며 하나님 나라의 회복을 위한 구속 역사에 쓰임을 받기 위해 온 생애를 바쳤다.

하나님께서는 결국 그 백성들이 그 죄로 인한 징벌을 받아 흩어진 후에 다시 돌아오게 하셔서 그들의 하나님이 유일한 신이시며 그 외에는 말씀대로 하시는 신실한 다른 신이 없음을 깨닫게 하실 것이다. 모세는 결국 가나안 땅에 들어가지 못하고 느보산에서 죽는다.

우리도 모세처럼 철저히 하나님의 뜻을 따라 살아야 하겠다.

베드로 삶의 DNA
베드로전서 1강

3

예수그리스도의사도베드로는 본도 갈라디아 갑바도기아 아시아
와 비두니아에 흩어진 나그네 곧 하나님 아버지의 미리아심을
따라 성령이 거룩하게 하심으로 순종함과 예수그리스도의 피뿌
림을 얻기위하여 택하심을 받은 자들에게 편지하노니 은혜와
평강이 너희에게 더욱 많을지어다 우리주 예수그리스도의 아
버지 하나님을 찬송하리로다 그의 많으신 긍휼대로 예수그리스도
를 죽은자 가운데서 부활하게 하심으로 말미암아 우리를 거듭나게
하사 산소망이 있게 하시며 썩지않고 더럽지않고 쇠하지아니
하는 유업을 잇게 하시나니 곧 너희를 위하여 하늘에 간직하신것이라
너희는 말세에 나타내기로 예비하신 구원을 얻기위하여 믿음으로말
미암아 하나님의 능력으로보호하심을 받았느니라 그러므로 너희가이제여러
가지시험으로 말미암아잠깐 근심하게되지않을수없으나오히려크게
기뻐하는도다 너희 믿음의확실함은 불로 연단하여도 없어질 금보다더
귀하여 예수그리스도께서 나타나실때에 칭찬과 영광과 존귀를얻게
할것이니라 예수를 너희가 보지 못하였으나 사랑하는도다 이제도보지못
하나만고 말할수 없는 영광스러운 즐거움으로기뻐하니 믿음의결국곧영혼을
의 구원을받음이라 이구원에 대하여는 너희에게 임할 은혜를 예언
하던 선지자들이 연구하고 부지런히 살펴서 자기 속에 계신 그리스도의영
이 그받으실 고난과 후에 받으실 영광을 미리 증언하여 누구를 또는 어떠한때
를 지시하시는지 상고하니라 이 영광 받으실것을 위하는것이 아니요 너희를위
한것임이라 그대로 알게 되었으니 이것은 하늘로부터 보내신 성령을 힘입어
복음을 전하는 자들로 이제 너희에게 알린것이요 천사들도 살펴보기를 원
하는것이니라

22. ΤΑΣ ΨΥΧΑΣ ΥΜΩΝ ΗΓΝΙΚΟΤΕΣ ΕΝ ΤΗ
ΥΠΑΚΟΗ ΔΙΑ ΠΝΕΥΜΑΤΟΣ ΕΙΣ ΦΙΛΑ
ΔΕΛΦΙΑΝ ΑΝΥΠΟΚΡΙΤΟΝ ΑΝΥΠΟΡΙΤΟΝ
ΕΚ ΚΑΘΑΡΑΣ ΚΑΡΔΙΑΣ ΑΛΛΗΛΟΥΣ ΑΓΑΠΗ
ΣΑΤΕ ΕΚΤΕΝΩΣ.

피 : ロ기기ヲ人

主의 때

성령의 DIRECTIONING
성령에 集中하다!
순종 - DNA

DNA

信賴
구별

그러나

사랑

베드로는 시험과 박해를 받는 성도들을
주님의 말씀대로 위로하고 권면하기 위해
소망의 편지를 쓴다. 목자 되신 그리스도께서
죽임을 당하시고 양들이 흩어질 시간이 다가왔다.
예수님께서는 자기 생애의 마지막 시간을 열 한
제자들과 함께 보내시면서 다가올 환난에 대비하여
그들을 준비시키신다. 예수께서는 세상의 환난에
대비하여 베드로를 준비시키셨다. 이제 베드로는 그의
첫 편지를 네로의 박해 직전에 쓴 것으로 보인다.

베드로전서는 이런 환난과 핍박에 임하는
그리스도인의 믿음에 대한 권면의 말씀이다.
베드로가 예수님을 세 번 부인한 부끄러운 자신을
회개하고 제자들의 리더로서 힘 있는 설교와 복음의
전도자로서 우뚝 서 있는 것처럼 우리도 각자 자기
위치에서 성령 충만한 가운데 맡은 바 사역을 해야 한다.

240623 『교회는 그의 몸이니』
에베소 1:3-14

LOVE

찬송하리로다 하나님 곧 우리주 예수 그리스도의 아버지께서 그리스도 안에서
하늘에 속한 모든 신령한 복을 우리에게 주시되 곧 창세전에 그리스도 안에서
우리를 택하사 우리로 사랑 안에서 그 앞에 거룩하고 흠이 없게 하시려고 그
기쁘신 뜻대로 우리를 예정하사 예수그리스도로 말미암아 자기의 아들들이
되게 하셨으니 이는 그가 사랑하시는 자 안에서 우리에게 거저 주신 바 그
의 은혜의 영광을 찬송하게 하려는 것이라 우리는 그리스도 안에서 그의 은혜의
풍성함을 따라 그의 피로 말미암아 속량 곧 죄사함을 받았으
니 이는 그가 모든 지혜와 총명을 우리에게 넘치게 하사 그 뜻의 비밀을
우리에게 알리신 것이요 그의 기뻐하심을 따라 그리스도 안에서 때가
찬 경륜을 위하여 예정하신 것이니 하늘에 있는 것이나 땅에 있는 것이나
그리스도 안에서 통일 되게 하려 하심이라 그 안에서 너희도 진리의 말씀 곧
너희 구원의 복음을 듣고 그 안에서 또한 믿어 약속의 성령으로 인치심을 받았
으니 이는 우리 기업의 보증이 되사 그 얻으신 것을 속량하시고 그의 영광을 찬송하
게 하려 하심이라

LOOK

1:13 EN Ω KAI IMEIΣ AKOUΣANTEΣ TON ΛOΓON THΣ
AΛHΘEIAΣ TO EYAΓΓEΛION THΣ ΣΩTHPIAΣ IMΩN
EN Ω KAI ΠI ΠEYΣANTEΣ EΣΦPAΓIΣΘHTE TΩ
ΠNEYMATI THΣ EΠAΓΓEΛIAΣ TΩ AΓIΩ

성령으로 적셔짐

136

바울은 에베소에서 아데미 신상을 우상으로
숭배하고 신전은 타락하고 각종 마술과
요술을 권장할 때에 이 도시의 마술적 흑암을 비추는
빛이 되게 하셨다. 바울은 하늘에 속한 신령한 복을
강조하고 있다.

디모데가 목회하고 있는 에베소 교회는 기독교와
유대교의 마찰이 있었다. 거짓 선지자가 난무하는
에베소 교회에 맞서 디모데에게 복음을 가르치는
일에 전력하되 말과 행실에 본이 될 것을 당부했다.
바울은 너희가 그리스도 안에 있는가? 너희가 참된
그리스도의 제자인가?를 묻고 있다. 바울은 에베소
교인들에게 단호하게 영적 전투를 수행할 것을
촉구한다. 지금 이 시대도 다를 바가 없다. 우리도
그리스도 안에서 물러서지 아니한 영적 전투를 해야
할 것이다.

바울의 힘 DNA
ACT 13:13 - 45

PAUMAHOYE

바울과 및 동행하는 사람들이 바보에서 배 타고 밤빌리아에 있는 버가에 이르니 요한은 그들에게서 떠나 예루살렘으로 돌아가고 그들은 버가에서 더 나아가 비시디아 안디옥에 이르러 안식일에 회당에 들어가 앉으니라 율법과 선지자의 글을 읽은 후에 회당장들이 사람을 보내어 이르되 형제들아 만일 백성을 권할 말이 있거든 말하라 하거늘 바울이 일어나 손짓하며 말하되 이스라엘 사람들과 및 하나님을 경외하는 사람들아 들으라 이 이스라엘 백성의 하나님이 우리 조상들을 택하시고 애굽 땅에서 나그네 된 그 백성을 높여 큰 권능으로 인도하여 내사 광야에서 약 사십 년간 그들의 행위를 참으시고 가나안 땅 일곱 족속을 멸하사 그 땅을 기업으로 주시기까지 약 사백오십 년간 그들에게 선지자와 사무엘 때까지 사사를 주셨더니 그 후에 그들이 왕을 구하거늘 하나님이 베냐민 지파 사람 기스의 아들 사울을 사십 년간 주셨다가 폐하시고 다윗을 왕으로 세우시고 증언하여 이르시되 내가 이새의 아들 다윗을 만나니 내 마음에 맞는 사람이라 내 뜻을 다 이루리라 하시더니 하나님이 약속하신 대로 이 사람의 후손에서 이스라엘을 위하여 구주를 세우셨으니 곧 예수라 ...

PAUL

30 OAEOSHTEIPENAYTONEKNEKPSIN • MORE

SOON

바울의 DNA
라선, 손짓
CTS PAUL
율법과 기록
...

안디옥 호
PAUL 다스
섬김과
금식 → 감독더짐
때배4 : 입맞춤하라
아멘하라 의 黑

DNA

힘

LOGOS

금식

임상 묵상

400 VS 40
나사를 위하여

생각억누름을 빼기위해서

쉼

삶

400 YEARS AT EGIST

→ 성령의붙에끌려드리지따라

[가로치기] 예뚜거 • 本質을 읽는그대로보라 • 直權 • 圓底

138

사 도행전의 중심은 안디옥과 바울에게로
옮겨진다. 지금부터는 바울 행전이라고 할
수 있을 만큼 바울은 복음을 땅끝까지 전파하는
이방인의 사도로의 역할을 시작한다.

선교란 전도와 동의어이지만 전도는 자국민을
상대로 복음을 전하는 것이고 선교는 언어가 다른
민족에게 복음을 전하는 것이라고 규정한다면 바울은
그야말로 선교사이다. 선교 방법은 자비량 선교이고
팀을 이루어 팀 사역을 하였고 복음을 변질하지도
왜곡시키지 않으며 현지 문화를 존중하였다. 그러나
무엇보다도 바울은 성령의 간섭하심을 기대하며
그분의 인도에 강하게 의지하는 믿음이 충만하다는
것을 볼 수 있다.

레아더

ACT 2:14-45

베드로·다윗·아브라함

베드로가 열한 사도와 함께 서서 소리를 높여
이르되 유대인들과 예루살렘에 사는 모든 사람
들아 이 일을 너희로 알게 할 것이니 내 말에 귀를
기울이라 때가 제 삼 시니 너희 생각과 같이 이
사람들이 취한 것이 아니라 이는 곧 선지자 요
엘을 통하여 말씀하신 것이니 일렀으되 하나
님이 말씀하시기를 말세에 내가 내 영을 모
든 육체에 부어 주리니 너희의 자녀들은
예언할 것이요 너희 젊은이들은 환상을 보고
늙은이들은 꿈을 꾸리라 그 때에 내가 내 영을
내 남종과 여종들에게 부어 주리니 그들이 예언할
것이요 또 내가 위로 하늘에서는 기사와 아래로
땅에서는 징조를 베풀리니 곧 피와 불과 연기니라
주의 크고 영화로운 날이 이르기 전에 해가
변하여 어두워지고 달이 피로 변하리라
누구든지 주의 이름을 부르는 자는 구원을
받으리라 이스라엘 사람들아 이 말을 들으라
너희도 아는 바와 같이 나사렛 예수는 하나님
께서 그를 통하여 너희 가운데서 기사와
권능을 행하사 너희 앞에서 그를 증언하신 자라
그가 하나님께서 정하신 뜻과 미리 아신 대로
내준 바 되었거늘 너희가 법 없는 자들의 손을
빌려 못 박아 죽였으나 하나님께서 그를
사망의 고통에서 풀어 살리셨으니 이는 그가 사망에
매여 있을 수 없었음이라 다윗이 그를 가리켜
이르되 내가 항상 내 앞에 계신 주를 뵈었음이여
나로 요동하지 않게 하기 위하여 그가 내 우편에
계시도다 그러므로 내 마음이 기뻐하였고 내 혀도
즐거워하였으며 육체도 희망에 거하리니

또 주께서 내 영혼을 음부에 버리지 아니하시며
주의 거룩한 자로 썩음을 당하지 않게 하실 것임이니이다
주께서 생명의 길을 내게 보이셨으니 주 앞에서
내게 기쁨이 충만하게 하시리로다 하였으므
로 형제들아 내가 조상 다윗에 대하여 담대히
말할 수 있노니 다윗이 죽어 장사되어 그 묘가 오늘까지
우리 중에 있도다 그는 선지자라 하나님이 이미
맹세하사 그 자손 중에서 한 사람을 그 위에
앉게 하리라 하심을 알고 미리 본 고로 그리스도의 부활을
말하되 그가 음부에 버림이 되지 않고 그의
육신이 썩음을 당하지 아니하시리라 하더니
이 예수를 하나님이 살리신지라 우리가 다 이 일에
증인이로다 하나님이 오른손으로 예수를
높이시매 그가 약속하신 성령을 아버지께 받아서
너희가 보고 듣는 이것을 부어 주셨느니라 다윗은
하늘에 올라가지 못하였으나 친히 말하여 이르되
주께서 내 주에게 말씀하시기를 내가 네 원수로
네 발등상이 되게 하기까지 너는 내 우편에 앉아
있으라 하셨도다 하였으니 그런즉 이스라엘 온 집은
확실히 알지니 너희가 십자가에 못 박은 이 예수를
하나님이 주와 그리스도가 되게 하셨느니라 하니라
그들이 이 말을 듣고 마음에 찔려 베드로와 다른 사도
들에게 물어 이르되 형제들아 우리가 어찌할꼬
하거늘 베드로가 이르되 너희가 회개하여 각각
예수 그리스도의 이름으로 세례를 받고 죄 사함을
받으라 그리하면 성령의 선물을 받으리니 이 약속은
너희와 너희 자녀와 모든 먼 데 사람 곧
주 우리 하나님이 얼마든지 부르시는 자들에게
하신 것이라 또 여러 말로 확실히 증언하며 권하여
이르되 너희가 이 패역한 세대에서 구원을 받으라 하니
그 말을 받은 사람들은 세례를 받으매 이 날에 신도의 수가
삼천이나 더하더라 그들이 사도의 가르침을 받
아 서로 교제하고 떡을 떼며 오로지 기도하기를 힘
쓰니라

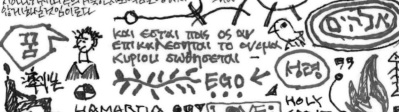

και εσται πας ος αν
επικαλεσηται το ονομα
κυριου σωθησεται —

יהוה

EGO

사랑

HAMARTIA

LOVE:

HOLY SPIRIT

꿈

예루살렘을 떠나지 말고 내게 들은 바
아버지의 약속하신 것을 기다리라 몇 날 못
되어 성령으로 세례를 받으리라는 예수님의 약속이
오순절에 이루어졌다. 이제 예수 공동체 또는 성령
공동체가 하나님 나라의 제사장 나라가 되는 새
이스라엘이 된다는 것이 오순절 성령강림이 갖는
의미이다.

이런 점에서 오순절 성령강림 사건은 성령 안에서
그리스도를 통해 인종적, 국가적, 언어적 장벽이
극복되는 새로운 공동체의 탄생을 의미한다. 모든
물건을 통용하고 각 사람의 필요를 채워주며 날마다
마음을 같이하여 성전에 모이기를 힘쓰며 기쁨과
순전한 마음으로 기도와 찬송할 것을 권면하고 있다.

240714

마태 6:33

6

먼저 그의 나라와 그의 의를 구하라

그런즉
너희는
먼저
그의
나라와
그의
의를구하라
그리하면
이
모든것을
너희에게
더하시리라

義 VS 나라(心)

ΔΙΚΑΙΟϹΥΝΗΝ

LOVE

TANT
W
B
WOPER

33 ητειτε δε πρωτον την βασιλιαν του θεου
και την δικαιοσυνην αυτου και ταυτα παντα
προυτεθηηετται υμιν

142

산상수훈에서 주님이 가르쳐 준 모범기도이다.
예수님 당시 각각의 랍비가 이끄는 그룹들은
자기들의 기도문을 가지고 있었고 세례 요한의
제자들도 그들의 기도문을 가지고 있었기 때문에
예수님의 제자들도 자기들의 기도문을 갖기를
원해서 예수님께 기도문을 주문한 것이다. 예수님이
제자들에게 가르쳐 주신 기도문은 성경의 핵심을
이루고 있다.

하나님 나라의 도래는 바로 하나님의 마음이고
성경의 중심 주제이다. 우리는 예수님의 가르침대로
뜻이 하늘에서 이루어진 것 같이 이 땅에 그 하나님의
나라가 이루어지도록 기도해야 할 것이다. 우리는
하나님 나라는 고사하고 자기의 복을 위한 기복
기도에 전념하고 있지는 않은지 뒤돌아볼 때다.

WHY
왜그래야 하나까?
예레미야 29:4-14

240721

SPEAKER
김동영

만군의여호와이스라엘의하나님께서예루살렘에서바벨론으로
사로잡혀가게한모든포로에게이와같이말씀하시니라
너희는집을짓고거기에살며텃밭을만들고그열매를먹으라
아내를맞이하여자녀를낳으며며느리와아들이아내를맞이하며
너희딸이남편을맞아그들로자녀를낳게하여너희가거기서번성하고
줄어들지아니하게하라너희는내가사로잡혀가게한그성읍의평안을구하고
그를위하여여호와께기도하라이는그성읍이평안함으로너희도평안할것임이라
만군의여호와이스라엘의하나님께서이와같이말씀하시니라너희중에있는
선지자들에게와점장이에게미혹되지말며너희가꾼꿈도믿지말라
내가그들을보내지아니하였어도그들이내이름으로거짓을예언함이라
여호와의말씀이니라여호와께서이와같이말씀하시니라바벨론에서
칠십년이차면내가너희를돌보고나의선한말을너희에게성취하여너희를
이곳으로돌아오게하리라여호와의말씀이니라너희를향한나의생각을내가아나니
평안이요재앙이아니니라나라너희에게미래와희망을주는것이니라너희가
내게부르짖으며와서내게기도하면내가너희들으리라들을것이요너희가온마음으로
나를구하면나를찾을것이요나를만나리라이것은여호와의말씀이니라나는너희들을
만날것이며너희의를포로된곳에서다시돌아오게하되내가쫓아보내었던너희들라
모든곳에서모아서나라로잡혀떠났던그곳으로돌아오게하리라이것은여호와의말씀이니라

TORN
AWAY

捕虜

ונצתילכם׃יהוהישבתאיםאבוסלב
באתאתכבדאתמבכלהגויםׁ׃אתא
התהלכתיהניאתאמכלהתמיםׁאתא
אםׁתדרׁשניבכל־לבבכמׁ

이것은여호와의말씀이니라나는너희에게돌아서나라이며너희도포로되었던곳에서
다시모여내게기도하면내가너희에게귀내댈어내가들을것이며와서나를찾아구하면
그곳으로돌아가게나니라(이와같이말씀하시니라약그말이니라)

WHY 🚶

바벨론으로 끌려 간 포로를 향한 회복의 소망을 주는 권고와 거짓 선지자에 대한 경고의 편지다. 예레미야는 포로귀환이 속히 이루어질 것이라는 바벨론에 거주하는 거짓 선지자들의 거짓 예언에 현혹되어 자신들에게 포로 생활이라는 징계를 내리신 하나님의 뜻을 망각함은 물론 귀환의 소망으로 인하여 포로 생활에 적응하지 못하고 정상적인 일상생활조차 포기한 채 들뜬 삶을 사는 유다 백성들을 향하여 포로 기간이 하나님의 정하신 뜻임을 밝히고 그들로 하여금 정상적인 삶을 살면서 지난 날의 잘못을 회개하고 하나님을 전적으로 의지하도록 간절히 부탁하는 편지를 쓰고 있다.

한국의 크리스챤 리더로서, 이단들의 리더들이 한국 기독교를 위태롭게 하는 시점에 우리는 바른 믿음으로 옥석을 가르는 올바른 성경관을 지키기 위해 노력해야 할 것이다.

예수그리스도

THE SEED

24.07.28   ACT 7:1-15

스데반의 마지막설교   설교
STEFAN

대제사장이 가로되 이것이 사실이냐 스데반이 가로되

여러분 부형들이여 들으소서 우리 조상 아브라함이 하란에 있기전 메소보다미아에 있을때에 영광의 하나님이 그에게 보여 이르시되 네 고향과 친척을 떠나서 내가 네게 보일 땅으로 가라 하시니 아브라함이 갈대아 사람의 땅을 떠나 하란에 거하다가 그의 아버지가 죽으매 하나님이 그를 거기서 너희 지금 사는 이 땅으로 옮기셨느니라 그러나 여기서 발붙일 만한 땅도 유업으로 주지 아니하시고 다만 이 땅을 아직 자식도 없는 그에게 소유로 주신다고 약속하셨으며 하나님이 또 이같이 말씀하시되 그 씨가 다른 땅에 나그네 되리니 그 땅 사람들이 종을 삼아 사백년동안을 괴롭게 하리라 하시고

YΠAPXΩN

또 가로되 종삼는 나라를 내가 심판하리니 그 후에 그들이 나와서 이곳에서 나를 섬기리라 하시고 할례의 언약을 주셨더니 아브라함이 이삭을 낳아 팔일만에 할례를 행하고 이삭이 야곱을 야곱이 우리 열두조상을 낳으니라

여러 조상이 요셉을 시기하여 애굽에 팔았더니 하나님이 그와 함께 계셔 그 모든 환난에서 건져내사 애굽왕 바로 앞에서 은총과 지혜를 주시매 바로가 그를 애굽과 자기 온 집의 총리로 삼았느니라 그 때에 애굽과 가나안 온 땅에 흉년들어 큰 환난이 있을새 우리 조상들이 양식이 없는지라 야곱이 애굽에 곡식 있다는 말을 듣고 먼저 우리 조상들을 보내고 또 재차 보내매 요셉이 자기 형제들에게 알게되고 또 요셉의 친족이 바로에게 드러나게 되니라 요셉이 사람을 보내어 그 아버지 야곱과 온 친척 일흔다섯 사람을 청하였더니 야곱이 애굽으로 내려가 그의 아버지 야곱과 그 친족 일흔다섯 사람을 청하였더니

REMOVE   성령 말씀   GOD   LOGOS   KAIROS   LAND
PERZONA   LOGOS   하나님의 땅   KAIROS
IDEA   아브라함 — LAND   하나님의 나라
IK 성령   믿음(순종)義   5   SEED — 후손   MA
말씀   水   LAND OF HEAVEN   이삭 — 야곱 — 요셉 — 모세 — 미쉬 — 솔로몬   지혜
영광 모든것   義   罪 총리   율법 後 선전   성령
애굽   400   WITH 그리스도   예수그리스도
SHDOW   두번 1 땅 국민   LOGOS 가나안   땅 아브라함
시험 AT 10 YEARS   TO 가나안   소유 1 야곱   천국의 씨 KAIROS
GRACE · MAD   430 YEARS KAIROS

예수그리스도

오순절 성령강림으로 성령을 선물로 받았을 뿐
아니라 성령의 능력으로 충만한 제자들은
담대해졌다. 하나님 나라의 새로운 언약 백성이 된 새
이스라엘로서 제자들은 하나님 나라의 백성으로 삼는
제자 심기에 담대해진 것이다.

첫 순교자 스데반 집사의 설교는 성령의 능력으로
충만한 설교였고 담대한 것이었지만 그는 설교로
인해 돌에 맞아 순교를 당한다. 스데반의 피흘림은
엄청난 역사를 이루게 되었는데 그것은 사울인 바울이
회개하는 계기가 된다.

이 시대에 우리나라에서는 우리의 믿음을 지키려고
순교할 일은 없다. 그러나 사회의 정의가 무너지고
악에 대항하여 사회를 정화하기 위해 선한 싸움을
우리 크리스천이 감당해야 하고 우리 크리스천 모두가
사회의 빛과 소금이 되어 선망의 대상이 되고, 사회의
정의로운 시민으로 당당히 살아가야 한다.

240804

참·예탁드림

Acts 9:1-22

사울이 주의 제자들에 대하여 여전히 위협과 살기가 등등하여 대제사장에게 가서 다메섹 여러회당에 가려고 공문을 청하니 이는 만일 그 도를 따르는 사람을 만나면 남녀를 막론하고 예루살렘으로 잡아오려 함이라 사울이 길을 가다가 다메섹에 가까이 이르더니 홀연히 하늘로부터 빛이 그를 둘러 비추는지라 땅에 엎드러져 들으매 소리가 있어 이르되 사울아 사울아 네가 어찌하여 나를 박해하느냐 하시거늘 대답하되 주여 누구시니이까 이르시되 나는 네가 박해하는 예수라 너는 일어나 시내로 들어가라 네가 행할 것을 네게 이를 자가 있느니라 하시니 같이 가던 사람들은 소리만 듣고 아무도 보지 못하여 말을 못하고 서 있더라 사울이 땅에서 일어나 눈은 떴으나 아무것도 보지 못하고 사람의 손에 끌려 다메섹으로 들어가서 사흘 동안 보지 못하고 먹지도 마시지도 아니하니라 그 때에 다메섹에 아나니아라 하는 제자가 있더니 주께서 환상 중에 불러 이르시되 아나니아야 하시거늘 대답하되 주여 내가 여기 있나이다 하니 주께서 이르시되 일어나 직가라 하는 거리로 가서 유다의 집에서 다소 사람 사울이라 하는 사람을 찾으라 그가 기도하는 중이니라 그가 아나니아라 하는 사람이 들어와서 자기에게 안수하여 다시 보게 하는 것을 보았느니라 하시거늘 아나니아가 대답하되 주여 이 사람에 대하여 내가 여러 사람에게 듣사온즉 그가 예루살렘에서 주의 성도에게 적지 않은 해를 끼쳤다 하더니 여기서도 주의 이름을 부르는 모든 사람을 결박할 권한을 대제사장들에게 받았나이다 하거늘 주께서 이르시되 가라 이 사람은 내 이름을 이방인과 임금들과 이스라엘 자손들에게 전하기 위하여 택한 나의 그릇이라 그가 내 이름을 위하여 얼마나 고난을 받아야 할 것을 내가 그에게 보이리라 하시니 아나니아가 떠나 그 집에 들어가서 그에게 안수하여 이르되 형제 사울아 주 곧 네가 오는 길에서 나타나셨던 예수께서 나를 보내어 너로 다시 보게 하시고 성령으로 충만하게 하신다 하니 즉시 사울의 눈에서 비늘 같은 것이 벗어져 다시 보게 된지라 일어나 세례를 받고 음식을 먹으매 강건하여지니라 사울이 다메섹에 있는 제자들과 함께 며칠 있을새 즉시로 각 회당에서 예수가 하나님의 아들이심을 전파하니 듣는 사람이 다 놀라 말하되 이 사람이 예루살렘에서 이 이름을 부르는 사람을 멸하려던 자가 아니냐 여기 온 것도 그들을 결박하여 대제사장들에게 끌어 가고자 함이 아니냐 하더라 사울은 힘을 더 얻어 예수를 그리스도라 증언하여 다메섹에 사는 유대인들을 당혹하게 하니라

서로사랑하며 삶으로 주와 함께

WITH ●

HOLDING

WITH 예수

148

바울의 회심 사건은 하나님의 강한 주권을 보여주신다. 바울은 다소 출신이며 헬라 철학과 가말리엘 문하생이자 율법학자이며 로마의 시민권을 가진 엘리트 중에 엘리트였다. 바울은 하나님 나라가 온 세계로 확장되는 결정적 역할을 하게 된다. 먼저 부정적으로는 핍박으로 복음이 확산되게 하였다. 사울은 스데반의 순교에 주도적인 역할을 하면서 초대 교회의 시작을 핍박하는 원흉이었다. 그러고도 여전히 살기 등등하여 다메섹으로 성도들을 잡아 가두기 위해 가는 도중 빛으로 오신 예수님을 만나 회개하는 사건이 일어났다. 이제 긍정적으로는 바울은 전도여행을 통해 복음을 확산시켰다. 그의 이름은 1차 전도여행 가운데 바울로 바뀐다. 이렇듯 하나님은 사울이라는 한 인물을 준비하시고 때가 이르러 그를 바울로 만드신 것이다.

하나님은 나를 어떻게 사용하실지 귀를 열고 성경의 지시를 따를 마음의 준비를 하여야 하겠다.

240811 하나님의 나라와 그의 義를
ACTS 15:1-11

어떤사람들이 유대로부터 내려와서 형제들완 르치되 너희가 모세의법
대로 할례를 받지 아니하면 능히 구원을 받지 못하리라하니 바울 및 바나
바와 그들 사이에 적지 아니한 다툼과 변론이 일어난지라 형제들이 이문
제에 대하여 바울과 바나바와 및 그중의 몇 사람을 예루살렘에 있는사
도와 장로들에게 보내기로 작정하니라 그들이 교회의 전송을 받고 베니게
와 사마리아로 다니며 이방인들이 주께 돌아온 일을 말하여 형제들을 다크
게 기쁘게 하더라 예루살렘에 이르러 교회와 사도와 장로들에게 영접을
받고 하나님이 자기들과함께 계셔행하신 모든 일을 말하매 바리새파중
에 어떤 믿는 사람들이 일어나
고 모세의율법을 지키라 명하는 것이 마땅하다하니라 사도와
도와 장로들이 이일을 의논 하러 모였더니 많은 변론이 있은후에
베드로가 일어나 말하되 형 베드로가 일어나 말하되 형
제들아 너희도 알거니와 하나
님이 이방인들로 내입 에서 복음의 말씀을 들어 믿게 하려함
러므로나선택하시고 대개 나를 택하하시고 오래전부터 너희중에서 하셨느니라
이는 하나님이 우리에게 하신것 다믿어 그들에게 성령을주어
증언하시고 마음으로 그들을 정 마음을 깨끗이하시고 그들과우
리나 나뉨하지 아니하셨느 리조상과 우리도 능히 메지
니 하여 하나님의 사랑하신 것 못하던 명에를 저제 자들의목
이 우리와 동일하게 주신 예수 이문 이로 구원받는 줄을 믿노라

近畿 所 義 生

LOVER   BANABA   俵弘起 生

AMADIA THE
XAPITOΣ KUP
IOU IHΣOY XPI
ΣTOY ΠΙΣTEYO
MEN ΣOΘHNAI
KAΘ TPOПON K
AKEINOI

예루살렘 공의회는 구약의 율법과 새 믿음의 부딪침인 할례 문제를 해결하는 회의였다. 예루살렘 교회에서는 안디옥 교회를 통해 파송된 바울과 바나바에 의해 이방인에게 복음이 확산하자 할례 문제가 대두되었다. 구약의 율법에 충실한 예루살렘 교인들의 반발을 사게 된 것이다. 그러나 복음이 이방 세계로 향하여 땅끝까지 이르기 위해서는 할례 문제는 반드시 짚고 넘어가야 할 과제였다. 결론적으로 이방인들을 향한 하나님의 뜻을 자각하여 그들을 한 형제로 영접한다고 하는 내용의 결의가 이루어졌다.

우리도 교회의 의견이 갈릴 때 기도로 그 문제를 다루어 하나님의 뜻에 순종하는 믿음의 공동체가 되어야 하겠다.

'바나바와 바울'

ACTS 9:26-31

사울이 예루살렘에 가서 제자들을 사귀고자 하나 다 두려워하여 그가 제자 됨을 믿지 아니하니 바나바가 데리고 사도들에게 가서 그가 길에서 어떻게 주를 보았는지와 주께서 그에게 말씀하신 일과 다메섹에서 그가 어떻게 예수의 이름으로 담대히 말하였는지를 전하니라 사울이 제자들과 함께 있어 예루살렘에 출입하며 또 주 예수의 이름으로 담대히 말하고 헬라파 유대인들과 함께 말하며 변론하니 그 사람들이 죽이려고 힘쓰거늘 형제들이 알고 가이사랴로 데리고 내려가서 다소로 보내니라 그리하여 온 유대와 갈릴리와 사마리아 교회가 평안하여 든든히 서 가고 주를 경외함과 성령의 위로로 진행하여 수가 더 많아지니라

BANABA

PAUL♥

GOD'S PLAN

聖靈

152

바울은 하나님 나라가 온 세계로 확장되는 데에 결정적인 역할을 한다. 바나바는 바울을 데리고 예루살렘에 있는 제자들에게 바울의 회심과 그의 사역과 결과를 소상히 보고한다. 예루살렘의 제자들은 그가 예전에 예수를 믿는 성도들을 잡아 가둔 행적을 알았기에 좀처럼 마음의 문을 열기가 쉽지 않았으나 바나바의 중재로 설득되었다. 이 이후로 바울은 예루살렘에서 인정받은 사도로서 남은 생에서는 더욱더 복음을 전하는 바울의 활약을 우리는 알고 있다.

이 시대에 우리의 전도 전략은 어떠한가? 바울의 생애를 돌아보아 우리가 본받을 바울의 전략을 배울 필요가 있다.

주이신 나의 하나님

240825

느헤미야 1:1-11

하가랴의 아들 느헤미야의 말이라 아닥사스다 왕 제이십년 기슬르월에 내가 수산 궁에 있는데 내 형제 중 하나인 하나니가 몇 사람과 함께 유다에서 내게 이르렀기로 내가 그 사로잡힘을 면하고 남아 있는 유다와 여러 남은 자 곧 사로잡힘을 면한 자들과 예루살렘 형편을 물은즉 그들이 내게 이르되 사로잡힘을 면하고 남아 있는 자들이 그 지방 거기에서 큰 환난을 당하고 능욕을 받으며 예루살렘 성은 허물어지고 성문들은 불탔다 하는지라 내가 이 말을 듣고 앉아서 울고 수일 동안 슬퍼하며 하늘의 하나님 앞에 금식하며 기도하여 이르되 하늘의 하나님 여호와 크고 두려우신 하나님이여 주를 사랑하고 주의 계명을 지키는 자에게 언약을 지키시며 긍휼을 베푸시는 주여 간구하나이다 이제 종이 주의 종들인 이스라엘 자손을 위하여 주야로 기도하오며 우리 이스라엘 자손이 주께 범죄한 죄들을 자복하오니 주는 귀를 기울이시며 눈을 여시사 종이 이제 주의 종들 이스라엘 자손을 위하여 주야로 주 앞에서 기도하는 것을 들으시옵소서 나와 내 아버지의 집이 범죄하여 주를 향하여 크게 악을 행하여 주께서 주의 종 모세에게 명령하신 계명과 율례와 규례를 지키지 아니하였나이다 옛적에 주께서 주의 종 모세에게 명령하여 이르시되 만일 너희가 범죄하면 내가 너희를 여러 나라 가운데에 흩을 것이요 만일 너희가 내게로 돌아와 내 계명을 지켜 행하면 너희 쫓긴 자가 하늘 끝에 있을지라도 내가 거기서 그들을 모아 내 이름을 두려고 택한 곳에 돌아오게 하리라 하신 말씀을 이제 청하건대 기억하옵소서 이들은 주께서 큰 권능과 강한 손으로 구속하신 주의 종들이요 주의 백성이니이다 주여 구하오니 귀를 기울이사 종의 기도와 주의 이름을 경외하기를 기뻐하는 종들의 기도를 들으시고 오늘 종이 형통하여 이 사람 앞에서 은혜를 입게 하옵소서 하였나니 그 때에 내가 왕의 술 관원이 되었느니라

隨處作主

154

ㄴ 헤미야는 유대인으로 페르시아의
아닥사스다 왕의 술관원의 질책을 맡고
있었다. 술관원은 왕의 최측근이다. 느헤미야는
베벨론 포로 생활 중에 태어나고 거기서 교육을
받았기 때문에 예루살렘의 형편에 대해서는 잘
모르고 있었다. 어느 날 하나니로부터 예루살렘 성이
훼파된 채 있다는 소식을 듣게 된다. 그는 예루살렘
성을 재건하겠다는 결심을 하고 아닥사스다의 승낙을
받고 실행하게 된다. 그 소망을 하나님께 중보기도
하는 간절한 기도문이다.

느헤미야는 하나님의 선한 손이 나를 도우셨다고
고백한다. 나 또한 하나님 나라를 확장하는 귀한
도구로 살아갈 것을 결심해 본다.

랩0901

겨우언은 救援, 完全한 救援

마태5:3-10
심령이가난한자는복이있나니천국이그들의것임이요
애통하는자는복이있나니그들의위로를받을것임이요
온유한자는복이있나니그들이땅을기업으로받을것임이요
의에주리고목마른자는복이있나니그들이배부를것임이요
긍휼히여기는자는복이있나니그들이긍휼히여김을받을것임이요
마음이청결한자는복이있나니그들이하나님을볼것임이요
화평하게하는자는복이있나니그들이하나님의아들이라일컬음을받을것임이요
의를위하여박해를받은자는복이있나니천국이그들의것임이라

심령이가난한자는 福이있나니 天國
야고보 VS 바울
罪
이스라님의 내사랑 本簡義
救援
겨우VS완전
行 行像가우는 믿음은 헝이있다
義 KEY AD 49

로마서12:1-2
그러므로형제들아내가하나님의모든자비하심으로너희를권하노니너희몸을
하나님이기뻐하시는거룩한산제물로드리라
이는너희가드릴영적예배니라
너희는이세대를본받지말고오직마음을새롭게함으로변화를받아
하나님의선하시고기뻐하시고온전하신뜻이무엇인지분별하도록하라

156

산 상수훈의 팔복은 복의 기원은 물질적이고
가시적인 것이 아니라 바로 여호와이심을
분명히 밝힌다. 물질은 복이 아니고 은사이다. 은사는
함께 나누어야 하나님께 영광이 되듯이 물질은 함께
나누어져야 하나님께 영광이 되는 것이다. 그것이
성경이 말하는 복이다. 팔복 중 근원적인 복은
심령이 가난한 자가 누리는 복이다. 마음에 원하는
바가 없이 욕망의 헛됨을 알고 마음을 비우고 그
자리에 하나님을 모시는 자가 심령이 가난한 자이다.
그러므로 하나님을 온전히 의지할 수밖에 없고
그래서 천국을 누리는 복이다.

로마서 12장에서 하나님께서 행하신 모든 것에
비추어 볼 때 우리가 살아야 할 방식으로 거룩한
산 제물로 바치라는 것이다. 그것은 그리스도인과
교회의 삶에서 나타나는 표현과 증거다. 성령의
은사를 통한 서로에 대한 사랑으로 변화하여야
한다고 말씀하신다.

네가 어디 있느냐?
240908 창세기 50:15-26

요셉의 형제들이 그들의 아버지가 죽었음을 보고 말하되 요셉이 혹시 우리를 미워하여 우리가 그에게 행한 모든 악을 다 갚지나 아니할까 하고 요셉에게 말을 전하여 이르되 당신의 아버지가 돌아가시기 전에 명령하여 이르시기를 너희는 이같이 요셉에게 이르라 네 형들이 네게 악을 행하였을지라도 이제 바라건대 그들의 허물과 죄를 용서하라 하셨나니 당신 아버지의 하나님의 종들인 우리 죄를 이제 용서하소서 하매 요셉이 그들이 그에게 하는 말을 들을 때에 울었더라 그의 형들이 또 친히 와서 요셉 앞에 엎드려 이르되 우리는 당신의 종들이니이다 요셉이 그들에게 이르되 두려워하지 마소서 내가 하나님을 대신하리이까 당신들은 나를 해하려 하였으나 하나님은 그것을 선으로 바꾸사 오늘과 같이 많은 백성의 생명을 구원하게 하시려 하셨나니 당신들은 두려워하지 마소서 내가 당신들과 당신들의 자녀를 기르리이다 하고 그들을 간곡한 말로 위로하였더라

요셉이 그의 아버지의 가족과 함께 애굽에 거주하여 백십 세를 살며 에브라임의 자손 삼대를 보았으며 므낫세의 아들 마길의 아들들도 요셉의 슬하에서 양육되었더라 요셉이 그의 형제들에게 이르되 나는 죽을 것이나 하나님이 당신들을 돌보시고 당신들을 이 땅에서 인도하여 내사 아브라함과 이삭과 야곱에게 맹세하신 땅에 이르게 하시리라 하고 요셉이 또 이스라엘 자손에게 맹세시켜 이르기를 하나님이 반드시 당신들을 돌보시리니 당신들은 여기서 내 해골을 메고 올라가겠다 하라 하였더라 요셉이 백십 세에 죽으매 그들이 그의 몸에 향 재료를 넣고 애굽에서 입관하였더라

隨處作主

Thank you

TO GET WHAT YOU WANT

JOSEPH

요셉의 삶은 참으로 드라마틱하다. 아버지의 특별한 사랑으로 형들에게 시기를 당하여 이집트의 노예로 팔려가 이집트의 총리까지 된 격정적인 삶을 살았다. 그는 죽기 전에 형들을 용서하고 위로하는 하나님의 사람이다. 이 모든 일은 하나님이 아브라함 언약을 통해 약속하신 하나님 나라 회복의 구속 역사를 이룰 자손을 형성하기 위한 하나님의 섭리적 계획임을 요셉은 정확히 확신하고 있었다. 이처럼 요셉 한 사람의 삶을 통해 하나님께서는 야곱의 가족을 구원하셨을 뿐 아니라 아브라함에게 하신 자손에 대한 언약의 내용을 하나님의 방법대로 계속해서 이루어 나가셨다.

나의 삶도 요셉처럼 하나님의 섭리 가운데 있음을 뒤돌아보고 어디에 있던 어디에 가든 사랑으로 살아갈 일이다.

마가X

하나님의 그림

'겨우얻은 救援 · 온전한 救援' 등식

24.0915

마태 5:3 ~ 16

심령이 가난한자는 복이있나니 천국이 그들의 것임이요 애통하는 자는 복이있나니 그들이 위로를 받을 것임이요 온유한 자는 복이있나니 그들이 땅을 기업으로 받을 것임이요 의에 주리고 목마른 자는 복이있나니 그들이 배부를 것임이요 긍휼히 여기는 자는 복이있나니 그들이 긍휼히 여김을 받을 것임이요 마음이 청결한자는 복이있나니 그들이 하나님을 볼것임이요 화평케 하는자는 복이있나니 그들이 하나님의 아들이라 일컬음을 받을 것임이요 의를 위하여 박해를 받은자는 복이있나니 천국이 그들의 것임이라 나로 말미암아 너희를 욕하고 박해하고 거짓으로 너희를 거슬러 모든 악한 말을 할때에 너희에게 복이있나니 기뻐하고 즐거워하라 하늘에서 너희의 상이 큼이라 너희전에 있던 선지자들도 이같이 박해하였느니라

너희는 세상의 소금이니 소금이 만일 그 맛을 잃으면 무엇으로 짜게 하리요 후에는 아무 쓸데 없어 다만 밖에 버려져 사람에게 밟힐 뿐이니라 너희는 세상의 빛이라 산 위에 있는 동네가 숨기우지 못할것이요 사람이 등불을 켜서 말 아래 두지 아니하고 등경위에 두나니 이러므로 집안 모든 사람에게 비치느니라 이같이 너희빛을 사람앞에 비취게하여 그들로 너희 착한 행실을 보고 하늘에 계신 너희 아버지께 영광을 돌리게하라

NOW AND HEAR

SELF

꿈 ✓ ✓

사랑의 수고

마가X

罪 그러므로 하늘에...

를 다스리는

끝 까지

꽃

忍耐

160

복 의 기원은 물질적이고 가시적인 것이 아니라
바로 여호와이심을 분명히 밝힌다. 물질은
복이 아니고 은사이다. 은사는 함께 나누어야
하나님께 영광이 되듯이 물질은 함께 나누어져야
하나님께 영광이 되는 것이다. 예수님은 산상수훈에서
하나님의 복의 개념을 이렇게 정의하면서 하나님 나라
백성이 누릴 복을 가르쳐 주신다.

성도는 이미 '소금이고 빛'이라고 했다. 그러므로 그
역할을 해야 참 제자가 되는 것이다. 그렇지 못하면
무리로 남는 형식적이고 위선적인 가짜 교인이 된다.

하나님의 복이 기복으로 흘러가서는 안된다.
하나님의 뜻을 알아 그분의 뜻에 순종할 수 있도록
간절히 기도해야 한다.

하나님 나라의 일

ACT 1:1-5

THE RURE OF LIFE

데오빌로여 내가 먼저 쓴 글은 무릇 예수께서 행하시며 가르치시기를 시작하심부터 그가 택하신 사도들에게 성령으로 명하시고 승천하신 날까지의 일을 기록하였노라 그가 고난 받으신 후에 또한 그들에게 확실한 많은 증거로 친히 살아 계심을 나타내사 사십 일 동안 그들에게 보이시며 하나님 나라의 일을 말씀하시니라 사도와 함께 모이사 그들에게 분부하여 이르시되 예루살렘을 떠나지 말고 내게서 들은 바 아버지께서 약속하신 것을 기다리라 요한은 물로 세례를 베풀었으나 너희는 몇 날이 못되어 성령으로 세례를 받으리라 하셨느니라

29 44

KAI SUNAΛZOMENOS
ΠΛΡHRYEIΛEN
ΛYTOIE
AΠO
IEPOEΛΛYHIN
NH XΩPIZEEBΛI
THN EΠΛΓΓEΛIΛN
TOY MATPOE
HN HKOYEΛTE
MOY

LOVER

예수님의 마지막 당부인 하나님 나라 회복
운동을 위해 양을 먹이라, 제자를 삼으라는
명령의 실행이 바로 사도들의 행전이다. 예수님은
그들이 그 일을 인간의 능력으로 감당할 수 없음을
알고 보혜사 성령을 보내주시기로 한 약속대로 승천
후에 성령강림 사건이 일어난다.

사도행전은 사도들이 교회를 세우는 이야기가 아니고
하나님 나라를 회복하고 그것을 확장해 나가는
하나님의 이야기이다.

하나님 나라의 백성으로서 제자를 세우는 것이
예수의 교회를 세우는 일이다. 이것이 제자 삼는
일이요 그분의 양을 먹이는 일이다. 우리 모두 복음을
모르는 이들을 제자로 삼고 그들의 영적 성장을 위해
최선을 다해야 한다.

'하나님의 다림줄'
240929   AMOS 7:7-8

주께서 보이신 것이 이러하니라
다림줄을 가지고 쌓은 담 곁에 주께서 손에 다림줄을
잡고 서셨더니 기쁨 — 그 靈的交別心
여호와께서 내게 이르시되 아모스야 0%
네가 무엇을 보느냐 ㄲㄱㄱㅆ ● %
내가 대답하되 다림줄이니이다
주께서 이르시되 LOVE → AMOS
내가 다림줄을 내 백성 이스라엘 가운데 두고
다시는 용서하지 아니하리니
이삭의 산당들이 황폐되며   居敬 行
이스라엘의 성소들이 파괴될 것이라   淸 승 기
내가 일어나 칼로 여로보암의 집을 치리라 하시니라

建築

아모스의 환상 기사에서 하나님을 만나고
그분의 공의를 깊이 묵상하면 하나님은
사랑의 하나님이라 모든 것을 용서하시고 너그럽게
품어주시기만 할까? 어림없는 소리다.

하나님은 공의의 줄로 이스라엘을 재어보아 만약
굽고 비틀어졌다면 가차없이 징벌하실 것이다.

우리도 이러한 난국을 타개하기 위해 하나님의
말씀과 역사하심에 눈과 귀를 열고 침묵 속에서
하나님의 말씀을 잠잠히 듣는 훈련을 하여야 한다.

'나를 따르라'
요한복음 21:1 —19

예수께서 제자들 앞에서 이 책에 기록되지 아니한 다른 표적도 많이 행하셨으나
오직 이것을 기록함은 너희로 예수께서 하나님의 아들 그리스도이심을 믿게 하려 함이요
또 너희로 믿고 그 이름을 힘입어 생명을 얻게 하려 함이니라

그 후에 예수께서 디베랴 호수에서 또 제자들에게 자기를 나타내셨으니
나타내신 일은 이러하니라 시몬 베드로와 디두모라 하는 도마와 갈릴리 가나
사람 나다나엘과 세베대의 아들들과 또 다른 제자 둘이 함께 있더니
시몬 베드로가 나는 물고기 잡으러 가노라 하니 그들이 우리도 함께 가겠다 하고 나가
서 배에 올랐으나 그 날 밤에 아무 것도 잡지 못하였더니 날이 새어갈 때에 예수께서
바닷가에 서셨으나 제자들이 예수이신 줄 알지 못하는지라 예수께서 이르시되 애들
아 너희에게 고기가 있느냐 대답하되 없나이다 이르시되 그물을 배 오른편에 던지라
그리하면 잡으리라 하시니 이에 던졌더니 물고기가 많아 그물을 들 수 없더라 예수께서
사랑하시는 그 제자가 베드로에게 이르되 주님이시라 하니 시몬 베드로가 벗고 있다가
주님이라 하는 말을 듣고 겉옷을 두른 후에 바다로 뛰어 내리더라 다른 제자들은 육지
에서 거리가 불과 한 오십 칸쯤 되므로 작은 배를 타고 물고기 든 그물을 끌고 와서 육지
에 올라 보니 숯불이 있는데 그 위에 생선이 놓였고 떡도 있더라 예수께서 이르시되
지금 잡은 생선을 좀 가져오라 하시니 시몬 베드로가 올라가서 그물을 육지에 끌어 올리니
가득히 찬 큰 물고기가 백쉰세 마리라 이같이 많으나 그물이 찢어지지 아니하였더라
예수께서 이르시되 와서 조반을 먹으라 하시니 제자들이 주님이신 줄 아는 고로 당신
이 누구냐 감히 묻는 자가 없더라 예수께서 가셔서 떡을 가져다가 그들에게 주시고 생선
도 그리하시니라 이것은 예수께서 죽은 자 가운데서 살아나신 후에 세 번째로
제자들에게 나타나신 것이라 그들이 조반 먹은 후에 예수께서 시몬 베드로에게 이르
시되 요한의 아들 시몬아 네가 이 사람들보다 나를 더 사랑하느냐 하시니 이르되
주님 그러하나이다 내가 주님을 사랑하는 줄 주님께서 아시나이다 이르시되 내 어린
양을 먹이라 하시고 또 두 번째 이르시되 요한의 아들 시몬아 네가 나를 사랑하느냐 하시
니 이르되 주님 그러하나이다 내가 주님을 사랑하는 줄 주님께서 아시나이다 이르시되 내
양을 치라 하시고 세 번째 이르시되 요한의 아들 시몬아 네가 나를 사랑하느냐 하시니 베드로
가 근심하여 이르되 주님 모든 것을 아시오매 내가 주님을 사랑하는 줄을 주님이 아시나이다 내게
주님을 사랑하느냐 하시므로 베드로가 근심하여 이르시되 내 양을 먹이라 내가 진실로
진실로 너에게 이르노니 네가 젊어서는 스스로 띠 띠고 원하는 곳으로 다녔거니와 늙어서는
네 팔을 벌리리니 남이 네게 띠 띠우고 원하지 아니하는 곳으로 데려가리라 (이 말씀을 하심은
이 말씀을 하심은 베드로가 어떠한 죽음으로 하나님께 영광을 돌릴 것을 가리키심이러라) 이
말씀을 하시고 베드로에게 이르시되 나를 따르라 하시니

166

갈릴리에서 만나자는 예수님의 약속을 따라
제자들은 갈릴리로 갔다. 그러나 예수님이
더디 나타나자 성급한 베드로는 다시 고기잡이를
시작한다. 처음 예수님을 만날 때처럼 베드로는 밤이
맞도록 헛수고를 했으나 예수님이 오셔서 깊은 데로
그물을 던지라고 하여 많은 고기를 잡게 해 주신다.
잡은 고기를 구워 조찬을 나누면서 예수님은 전에는
베드로에게 사람을 낚는 어부가 되게 하신다고
하셨고 이제는 '내 양을 먹이라', '나를 따르라' 하시며
순교를 예언하신다.

하나님 나라의 백성을 목양하는 것은 제자들의 핵심
사역이다. 내 양을 먹이라는 당부는 마태복음의
대명령과 다르지 않다.

그가 칼을 칼집에 꽂았더라

잠10:13 역대상 21:18-27

여호와의 천사가 갓에게 명령하여 다윗에게 이르시기를 다윗은 올라가서 여부스 사람 오르난의 타작 마당에서 여호와를 위하여 제단을 쌓으라 하신지라 이에 갓이 여호와의 이름으로 이른 말씀대로 다윗이 올라가니라 때에 오르난이 밀을 타작하다가 돌이켜 천사를 보고 오르난 네 명의 아들과 함께 숨었더니 다윗이 오르난에게 나아가매 오르난이 내다보다가 다윗을 보고 타작 마당에서 나와 얼굴을 땅에 대고 다윗에게 절하니 다윗이 오르난에게 이르되 이 타작하는 곳을 내게 넘기라 너는 상당한 값으로 내게 넘기라 내가 여호와를 위하여 여기 한 제단을 쌓으리니 그리하면 전염병이 백성 중에서 그치리라 하니 오르난이 다윗에게 말하되 왕은 취하소서 내 주 왕께서 좋게 여기시는 대로 행하소서 보소서 내가 이것들을 드리나이다 소들은 번제물로, 곡식 떠는 기계는 화목으로, 밀은 소제물로 드리니 내가 다 드리나이다 다윗 왕이 오르난에게 이르되 그렇지 아니하다 내가 반드시 상당한 값으로 사리라 내가 여호와께 드리려고 네 물건을 빼앗지 아니하겠고 값 없이는 번제를 드리지도 아니하리라 그리하여 다윗은 그 터값으로 금 육백 세겔을 달아 오르난에게 주고 다윗이 거기서 여호와를 위하여 제단을 쌓고 번제와 화목제를 드려 여호와께 아뢰었더니 여호와께서 하늘에서부터 번제단 위에 불을 내려 응답하시고 그가 명령하시매 그 칼을 칼집에 꽂았더라

여호와의 천사가 갓에게 이르되 이 타작하는 곳에서 다윗의 뜻을 넘기라는 뜻이 ...

HOLDING ⓞ 대수
하나님의 뜻 예수 DNA

CHRISTIAN PROCESS

稱義 > 聖化 > 榮華

가르쳐 주다의 行 함은 ⊕의 뜻이 있다

168

다윗의 말년에 인구조사를 하였다가 하나님의
징계를 받은 내용을 기술한 다음 왕정시대의
이스라엘 역사를 기술하면서 역사를 재해석하여
바벨론 포로 귀환 후 그동안 잃었던 이스라엘의
신정국가로서의 면모를 새롭게 회복하고자
선민의식을 고취한다.

오르난 타작 마당은 아브라함이 이삭을 번제
드리려 했던 곳이며 솔로몬이 성전을 세울 곳이기도
하다. 오르난 타작 마당에 여호와를 위하여 제단을
쌓으라고 천사의 명령을 시행하고 오르난이 그곳을
드리겠다고 하나 여호와의 제단 터를 제값을 치르고
제단을 쌓고 번제와 화목제를 드리니 하나님이
응답하시며 번제 단 위에 불을 내려 주셨다.

다윗이 회개하고 정성스럽게 제단을 쌓고 번제를
드리는 정성은 우리가 배워야 할 덕목이다.

다윗의기도
241020
시편 28

 DAVID
惡
和平

여호와여 내가 주께 부르짖으오니 나의 반석이시여
내게 귀를 막지 마소서 주께서 내게 잠잠하시면
내가 무덤에 내려가는 자들과 같을까 하나이다
내가 주의 지성소를 향하여 나의 손을 들고
주께 부르짖을 때에 나의 간구하는 소리를 들으소서
악인과 악을 행하는 자들과 함께 나를 끌어내지 마옵소서
그들은 그 이웃에게 화평을 말하나 그들의 마음에는 악독이 있나이다
그들이 하는 일과 그들의 행위가 악한 대로 갚으시며
그들의 손이 지은 대로 그들에게 갚아 그 마땅히 받을 것으로 그들에게 갚으소서
그들은 여호와께서 행하신 일과 손으로 지으신 것을 생각하지 아니하므로
여호와께서 그들을 파괴하고 건설하지 아니하시리로다
여호와를 찬송함이여 내가 간구하는 소리를 들으심이로다
여호와는 나의 힘과 나의 방패이시니 내 마음이 그를 의지하여 도움을 얻었도다
그러므로 내 마음이 크게 기뻐하며 내 노래로 그를 찬송하리로다
여호와는 그들의 힘이시요 그의 기름 부음 받은 자의 구원의 요새이시로다
주의 백성을 구원하시며 주의 산업에 복을 주시고
그들의 목자가 되시어 영원토록 그들을 인도하소서

θ은 나의우산

救援
要塞
힘
목숨걸고!

이것으로 나도 피함 받아 있음을 (...)
으로 일컬어야 하(...) 기도로 (...)
토마토 (...)

아들이 아비를 거스름으로 인륜을 저버렸음은 물론 신본주의적 정통성을 가진 다윗의 왕권을 그저 인본주의적 탐욕에서 탈취하고자 시도하여 천륜까지 저버렸던 사악한 반역 곧 다름 아닌 다윗 자신의 아들 압살롬과 그의 정치적 추종자들이 노년에 처한 다윗의 왕위를 노리고 반역함으로써 단순한 정치적 위기를 넘어 전인격적 위기에 빠졌었던 다윗이 지은 비탄시이다.

다윗은 하나님이 자신을 악인과 함께 처우하지 않기를 간구한다. 다윗에게 하나님은 반석이고 힘과 방패이기에 그에게 도움을 청하는 일은 합당하다는 것이다. 그를 헤치려 하는 악인들과 당연히 구별되는 응답을 받기를 원하는 것이다.

21:1-10
요한계시록
241103

또 내가 새 하늘과 새 땅을 보니 처음 하늘과 처음 땅이 없어졌고 바다도
다시 있지 않더라 또 내가 보매 거룩한 성 새 예루살렘이 하나님께로부터
하늘에서 내려오니 그 준비한 것이 신부가 남편을 위하여 단장한 것
같더라 내가 들으니 보좌에서 큰 음성이 나서 이르되 보라 하나
님의 장막이 사람들과 함께 있으매 하나님이
께 계시리니 그들은 하나님의 백성이 되고 하나님
이 친히 그들과 함께 계셔서 그들은 하나님의 백성
하나님은 친히 그들과 함께 계셔서 모든 눈물
을 그 눈에서 닦아주시니 다시는 사망이 없고 애통하는
것이나 아픈 것이 다시 있지 아니하리니 처
음 것들이 다 지나갔음이러라 보좌에 앉으신 이가 이르시되
보라 내가 만물을 새롭게 하노라 하시고 또 이르시되 이 말은 신실하고
참되니 기록하라 하시고 또 내게 말씀하시되 이루었도다 나는 알파와 오
메가요 처음과 마지막이라 내가 생명수 샘물을 목마른 자에게 값없이 주리니
이기는 자는 이것들을 상속으로 받으리라 나는 그의 하나님이 되고 그는 내 아들이 되리라
그러나 두려워하는 자들과 믿지 아니하는 자들과 흉악한 자들과 살인자들과 음행하는 자들과 점술가들과 우상숭배
자들과 거짓말하는 모든 자들은 불과 유황으로 타는 못에 던져지리니 이것이 둘째 사망이라
또 일곱 대접을 가지고 마지막 일곱 재앙을 담은 일곱 천사 중 하나가 나아와서 내게 말하
여 이르되 이리 오라 내가 신부 곧 어린 양의 아내를 네게 보이리라 하고 성령으로
나를 데리고 크고 높은 산으로 올라가 하나님께로부터 하늘에서 내려오는 거룩한
성 예루살렘을 보이니 하나님의 영광이 있어 그 성의 빛이 지극히 귀한 보석 같고 벽
옥과 수정 같이 맑더라

하나님 나라의 완전한 회복을 이루는 새 하늘과 새 땅을 이야기한다. 종말은 창조를 완성하고 창조는 종말을 전망한다. 이것은 구속 역사의 완성이고 하나님 나라의 온전한 회복이며 에덴의 회복이다.

창세기가 시작에 관한 것이라면 요한계시록은 완성에 관한 책이다. 타락이 존재하지 않는 새로운 창세기라고 할 수 있다. 창조, 구속, 새 창조에 있어서 하나님의 하시는 일을 이야기한 것으로 예수 그리스도의 성육신을 중심으로 삼는다. 역사의 종말은 심판에 있는 것이 아니라 하나님 나라의 회복에 있다.

하나님 나라의 완성은 대적 사탄을 심판하시고 그를 불과 유황 못에 던짐으로 하나님이 최종적으로 승리를 쟁취하심으로 잃어버린 낙원, 에덴이 온전히 회복되는 것이다.

ΑΠΟΚΑΛΨΙΣ
어어인파자

'나의부르심과 택하심을 굳게하라'
24:110   요한계시록 14:1~10

144.000

어린양

또내가보니보라어린양이시온산에섰고그와함께십사만사천이
서있는데그들의이마에는어린양의이름과그아버지의이름을쓴것이있
더라내가하늘에서나는소리를들으니많은물소리와도같고큰우레소리와
도같은데내가들은소리는거문고타는자들이거문고를타는것같더라그들
이보좌앞과네생물과장로들앞에서새노래를부르니땅에서속량함을받은
십사만사천밖에는능히이노래를배울자가없더라이사람들은여자로더불
어더럽히지아니하고순결한자라어린양이어디로인도하든지따라가는
도다사람가운데에서속량함을받아처음익은열매로하나님과어린양에게
속한자들이니그입에거짓말이없고흠이없는자들이더라또보니다른천사
가공중에날아가는데땅에거주하는자들곧모든민족과종족과방언과백성
에게전할영원한복음을가졌더라그가큰음성으로이르되하나님을두려워하며
그에게영광을돌리라이는그의심판의시간이이르렀음이니하늘과땅과바다와
물들의근원을만드신이를경배하라하더라또다른천사곧둘째가그뒤를따라말
하되무너졌도다무너졌도다큰성바벨론이여모든나라에게그의음행으로말미암아
진노의포도주를먹이던자로다하더라또다른천사곧셋째가그들을따라큰
음성으로이르되만일누구든지짐승과그의우상에게경배하고이마에나손에표를
받으면그도하나님의진노의포도주를마시리니그것은섞인것이없이부은진노이로
부는포도주라거룩한천사들앞과어린양에서불려유황으로고난을받으리니

ΑΠΟΚΑΛΥΨΙΣ ‹‹1

성령
성령
예수의피

靈敬
教
聖靈

靈 천사
惡 마귀 함당

✡ ✝ 7 ♥ ☮ 예수 ΚΑΙ ΕΓω
ΟΝ ΚΑΙ Ο ΗΝ
ΚΤΟ ΜΠ ΚΙΙΟ
ΝΕΣΤΟΞο
ΠΙΤΘΘΡΟΣΞ
SEVEN CHURCH

그리스도의몸 ΘΕΟ

육체·따슴·몸

ㅁㅣ·ㄱㅁ ㅅ

성전 예수님의몸위에일처진 하나님의섬리 이안에서하나님의나라를이루어가시는분들님과
택하심이들어있다

오늘도빛나는나에게 ✡ ☆ ☆
오늘빛 나라에게

온 갖 핍박과 고난 가운데 놓인 하나님의
백성들에게 장차 있을 하나님의 공의로운
심판을 미리 계시해 보여줌으로 그들을 위로하고
격려하는 내용이다. 짐승의 표를 받기를 거절하다
죽임을 당한 신실한 성도들 곧 알곡인 신자의 구원,
포도송이로 비유된 불신자들의 심판 경고이다.

그 입에 거짓말이 없고 흠 없는 자들은 오직 예수
그리스도의 보혈로 씻겨서 정결하게 될 때에만 흠이
없어질 수 있다. 모든 종류의 악에 대해 최종적이고도
완전한 심판을 이루어진다는 것을 보여주고 있다.

내가주께영원히감사하리이다
24111 7   시편30

여호와여 내가 주를 높일것은 주께서 나를끌어 내사 내대적으로 나를이기어 기뻐하지못하게 하심이니이다 여호와 내하나님이여 내가주께 부르짖으매 나를고치셨나이다 여호와여 주께서 내영혼을스 올에서끌어내어 나를살리사 무덤으로 내려가지아니하게하셨나이다 주의성도들아 여호와를 찬송하며 그의거룩함을 기억하며감사하라 그의노염은잠깐이요 그의은총은평생이로다 저녁에는 울음이깃들일 지라도 아침에는 기쁨이오리로다 내가형통할때에 말하기를 영원히흔 들리지아니하리라하였도다 여호와여 주의은혜로 나를산같이굳게세우 셨더니 주의얼굴을가리시매 내가근심하였나이다 여호와여 여내가주께부 르짖고 여호와께간구하기를 내가무덤에 내려갈때에 나의피가무슨유익이 있으리요 진토가어떻게주를찬양하며 주의진리를선포하리이까 여호와여 들으 시고 내게은혜를베푸소서하였나이다 주께서 나의슬픔이변하여 내 게춤이되게하시며 나의베옷을벗기고 기쁨으로띠띠우셨나이다 이 는잠잠하지아니하고 내영광으로주를찬송하게하심이니 여호와 나 의하나님이여 내가주께영원히감사하리이다

내가원하지않는바를남에게행하지마라 19   MAXIM 箴言命令

추석 풍성하고즐거운한가위

가을

十   LOVE   苦難   愛

TANANS GIVING DAS

[Hebrew text — Psalm 30]

다윗은 하나님께 합한 자라고 하나님이 인정한 왕이다. 그래서 항상 마음속에 하나님의 성전을 만들어 드리고 싶어했다. 성전의 낙성을 미리 감사하고 또 다윗의 집이 세워진 것을 감사하는 시이다.

30편 11절을 보면 나의 슬픔이 변하여 내게 춤이 되게 하시며 기쁘게 해주시는 하나님께 찬송한다.

시편에서 묘사되는 하나님의 품성을 파악하고 시편 저자가 어떻게 반응하는가, 어떻게 살아가는가를 살펴보며 내가 하나님의 일하심에 어떻게 반응하며 살아갈지를 참고해야 한다.

다윗이
성경가무엇이관데

תהלים
51.1

하나님이여주의인자를따라내게은혜를베푸시며주의많은긍휼을따라
내죄악을말갛게지워주소서나의죄악을말갛게씻으시며나의죄를깨끗
이제하여주소서무릇나는내죄과를아오니내죄가항상내앞에있나이다내가
주께만범죄하여주의목전에악을행하였으니주께서말씀하실때에
의로우시다하고주께서심판하실때에순전하시다하리이다내가
죄악중에서출생하였음이여어머니가죄중에서나를잉태하였나이다
보소서주께서는중심이진실함을원하시오니내게지혜를은밀히가르치소서
우슬초로나를정결하게하소서내가정하리이다나의죄를씻어주소서내가눈
보다하리이다내게즐겁고기쁜소리를들려주사내가꺾으신뼈들로즐거워
하게하소서주의얼굴을내죄에서돌이키시고내모든죄악을지워주소서하나님이
여내속에정한마음을창조하시고내안에정직한영을새롭게하소서나를주앞에서
쫓아내지마시며주의성령을내게서거두지마소서주의구원의즐거움을내게
회복시켜주시고자원하는심령을주사나를붙드소서그리하면내가범죄자에게주의
도를가르치리니죄인들이주께돌아오리이다하나님이여나의구원의하나님이여피흘
린죄에서나를건지소서내혀가주의의를높이노래하리이다주여내입술을열
어주소서내입이주를찬양하여전파하리이다주께서는제사를기뻐하지아니하시나
니그렇지아니하면내가드렸을것이라주는번제를기뻐하지아니하시나이다하나님
께서구하시는제사는상한심령이라하나님이여상하고통회하는마음을주께서멸
시하지아니하시리이다주의은택으로시온에선을행하시고예루살렘성을쌓으소서그
때에주께서의로운제사와번제와온전한번제를기뻐하시리니그때에그들이수소를
주의제단에드리리이다
51:10

לב טהור ברא־לי אלהים ורוח נכון חדש בקרבי

悔改
風
淨濤
우슬초

내안에 정직한 영을 새롭게 하소서
내 죄악을 다 지워주소서
주의 성령을 내게서
거두지 마소서

내 罪惡을 다 두어다소서
우슬초나는 淨潔하게 하소서
내대운하리이다나의罪를씻어주소서
내누보다리하이다

내 새롭게 하소서
업숙을 떡으라소서
새게서 거두지마소서
찰덜어주소서

罪

WHY
BOMB

나의죄악을말갛게씻으시고나의죄를깨끗이제하소서

178

시편 51편에서는 다윗 회개의 특징을 볼 수 있다. 그는 회개를 사울처럼 대충, 체면 차례로, 시늉만 했던 것이 아니고 철두철미하게 하였다. '죄악을 말갛게 씻는다'라는 것은 옛날 어머니들이 빨래를 빨래판에 놓고 팍팍 미는 것을 말한다. 철두철미하게 씻어낸다는 것이다. 이는 단순히 죄 사함을 위한 소극적 회개로 끝나는 것이 아니고 세계관을 바꿀 만큼 철저히 회개한다는 적극적 의미가 포함된 회개이다.

'정한 마음을 창조하시고 정직한 영을 새롭게 하소서' 라는 말씀은 세계관이 바뀌는 새로움을 말하는 것이다.

나는 매일 저녁 회개를 한다. 오늘의 잘못을 털고 새아침의 새삶을 시작해야 하기 때문이다. 빨래를 빨듯 밑바닥까지 회개하고 비슷한 회개를 하지 않게 해 달라고 하나님께 고하고 잠에 든다.

'너는 내것이라'

시 120:8 시편당

51

하나님이여 주의 인자를 따라 내게 은혜를 베푸시며 주의 인자를 따라 내게 은혜를 베푸시며 주의 많은 긍휼을 따라 내 죄악을 지워주소서 나의 죄악을 말갛게 씻으시며 나의 죄를 깨끗이 제하소서 무릇 나는 내 죄과를 알아니 내죄가 항상 내 앞에 있나이다 내가 주께만 범죄하여 주의 목전에 악을 행하였사오니 주께서 말씀하실 때에 의로우시다 하고 주께서 심판하실 때에 순전하시다 하리이다 내가 죄악 중에서 출생하였음이여 어머니가 죄중에서 출생하였음이여 어머니가 죄중에서 나를 잉태하였나이다 보소서 주께서는 중심이 진실함을 원하시오니 내게 지혜를 은밀히 가르치시리이다 우슬초로 나를 정결케 하소서 내가 정하리이다 나의 죄를 씻어주소서 내가 눈보다 희리이다 내게 즐겁고 기쁜 소리를 들려주사 주께서 꺾으신 뼈들도 즐거워하게 하소서 주의 얼굴을 내 죄에서 돌이키시고 내 모든 죄악을 지워주소서 하나님이여 내 속에 정한 마음을 창조하시고 내 안에 정직한 영을 새롭게 하소서 나를 주 앞에서 쫓아내지 마시며 주의 성령을 내게서 거두지 마소서 주의 구원의 즐거움을 내게 회복시켜주시고 자원하는 심령을 주사 나를 붙드소서 그리하면 내가 범죄자에게 주의 도를 가르치리니 죄인들이 주께 돌아오리이다 하나님이여 나의 구원의 하나님이여 피흘린 죄에서 나를 건지소서 내 혀가 주의 의를 높이 노래하리이다

다윗 VS
合
무미부색
涂抹
＝
UI AM
다윗
人者
STAPAN
死者過

귀하다 마음으로 시간을 보내고
선한 마음으로 시간을 대하라
나의 시간들 살아 나가보세
The life of
ARTIST

罪
非
信

果
青

HAMARTIA

시편 51편을 통해서 회개란 무엇인지를 배운다. 단순한 감정적 회심이 아니라 생각의 근본을 바꾸어 생각 자체를 이전과 다르게 하는데까지 나아가는 것이다. 사람의 가치관 전체가 바뀌는 것을 말한다. 다윗도 자기의 죄를 숨기고 싶었을 것이다. 그러나 다윗은 회개를 철두철미하게 했음을 보여준다.

'죄악을 말갛게 씻는다'라는 것은 옛날 어머니들이 빨래를 빨래판에 놓고 팍팍 미는 것을 말한다. 철두철미하게 씻어낸다는 것이다. 이는 단순히 죄 사함을 위한 소극적 회개로 끝나는 것이 아니고 세계관을 바꿀 만큼 철저히 회개한다는 적극적 의미가 포함된 회개이다.

나는 1일 1생 이라는 기준을 세우고 취침 전에 회개 기도로 마무리 한다. 회개는 그날 그날 매일 즉시 회개하고 반복되는 죄를 범해서는 안되겠다.

'王이신 나의 하나님'
24.12.15

美

그런즉 너희는 먼저 그의 나라와 그의 의를 구하라
그리하면 이 모든 것을 너희에게 더하시리라 6:33

시험에 들지 않게 깨어 기도하라 마음에는 원이로되 육신이 약하도다
하시고 다시 두 번째 나아가 기도하여 가로되 내 아버지여 만일 내가
마시지 않고는 이 잔이 내게서 지나갈 수 없거든 아버지의 원대로 되기를
원하나이다 하시고 다시 오사 보신즉 그들이 자니 이는 그들의 눈이 (곤함일)
러라 또 그들을 두시고 나아가 세 번째 같은 말씀으로 기도하신 후 이에 제자들
에게 오사 이르시되 이제는 자고 쉬라 보라 때가 가까이 왔으니 인자가 죄
인의 손에 팔리느니라 일어나라 함께 가자 보라 나를 파는 자가 가까이 왔
느니라. 26:41-46

곁에 서서 내게 함께 이르시되 내가 네 원수를 네 발 아래 둘 때까지 내 우편
에 앉아 있으라 하였도다 하였느냐 다윗이 그리스도를 주라 칭하였은즉 어
찌 그의 자손이 되겠느냐 하시니 한 마디도 능히 대답하는 자가 없고 그 날부터
감히 그에게 묻는 자도 없더라

이 잔이 내게서 지나가옵소서
아버지의 뜻대로 되기를 원하나이다
그 좁은 길을 가기 원하네
救國 〝오래 참음〞

ZHTEITE ΔE
ΠΡΩΤΟΝ THN
BAΣIΛEIAN TOY
ΘEOY KAI THN
ΔIKAIOΣYNHN
AYTOY KAI TAYTA
ΠANTA
ΠΡOΣTEΘHΣETAI

겟 세마네 동산에 예수님의 기도는 처절한 기도이다. 수난을 앞두고 갈등과 번민에 휩싸이신 예수님께서 하나님께 할 수 있으면 고난을 피하게 해달라고 기도한다. 그러나 자기 뜻이 아니라 하나님의 뜻대로 되게 해 달라고 기도하심으로 하나님의 뜻에 순종하는 모습을 보여주신다. 이런 모습은 하나님 안에서 구원받은 백성들이 세상의 환난을 무릅쓰고 하나님의 뜻에 순종하는 삶을 살아야 한다는 가르침을 몸소 보여주신 것이다.

죄가 없으신 예수님은 죄인인 우리들이 져야 할 고난을 대신 짊어지시고 십자가에 매달리신다. 이 깊은 하나님의 사랑을 깊게 상고하고 십자가만 바라볼 뿐이다.

자기 中心 自서인삶
241222　　에베소2:1-5

그는 허물과 죄로 죽었던 너희를
살리셨도다 그때에 너희는 그
가운데서 행하여 이 세상 풍조
를 따르고 공중의 권세 잡은 자
를 따랐으나 곧 지금 불순종의 아
들들 가운데서 역사하는 영이라
전에는 우리도 다 그 가운데서
우리 육체의 욕심을 따라 지내
며 육체와 마음의 원하는 것
을 하여 다른 이들과 같이 본
질상 진노의 자녀이었더니 긍
휼이 풍성하신 하나님이 우
리를 사랑하신 그 큰 사랑을 인
하여 허물로 죽은 우리를 그리
스도와 함께 살리셨고 너희는
은혜로 구원을 받은 것이라

maranatha

LOVE
LOVE
LOVE

KAI YMAS
ONTAS
NEKPOYS
TOIS
ΠAPAΠTΩMA
KAI O
AMAPTIAIS
YMΩN

BIBLE

허물로
죽은
우리

영원히

아버지께서 말하시니 나도 말한다

에베소는 무역 도시이며 아데미 여신 신전의
본고장이었다. 아데미 숭배로 도시는
부유해지고 온갖 타락이 난무했다. 마술과 요술,
창녀들이 성행하여 도덕은 땅에 떨어지고 하나님을
모르고 자기중심적인 삶을 살았다. 하나님께서는
바울과 에베소 교회를 통해 에베소의 마술적 흠을
비추는 빛이 되게 하셨다. 하나님은 바울을 통하여
허물로 죽은 우리를 그리스도와 함께 은혜로
구원하고 영이 살아나게 한 것이다.

지금의 우리도 별반 다르지 않다. 항상 하나님의
말씀을 새기고 하나님의 크신 사랑과 은혜로 우리의
영을 항상 성령에 초점을 맞추어 성령의 가르침대로
온전한 삶을 사는 것이 하나님의 자녀된 우리의 할
일이다.

CRISTMAS
20241224

지극히 높은곳에서는
하나님께는영광이요
땅에서는하나님이기뻐하신
사람들중에평화로다

예수 그리스도의 나심은 이러하니라 그의 어머니 마리아가 요셉과 약혼하고 동거하기전에 성령으로 잉태된것이 나타났더니 그의 남편 요셉은 의로운사람이라 그를 드러내지 아니하고 가만히 끊고자하여 이일을 생각할때에 주의 사자가 현몽하여 이르되 다윗의 자손 요셉아 네 아내 마리아 데려오기를 무서워하지 말라 그에게 잉태된자는 성령으로 된것이라 아들을 낳으리니 이름을 예수라하라 이는 그가 자기백성을 그들의 죄에서 구원할자이심이라 하니라 이 모든일이 된것은 주께서 선지자로 하신말씀을 이루려하심이니 보라 처녀가 잉태하여 아들을 낳을것이요 그이름은 임마누엘이라하리라 하셨으니 이를 번역한즉 하나님이 우리와함께계시다함이라 요셉이 잠에서깨어 일어나 주의사자의 분부대로 행하여 그의 아내를 데려왔으나 아들을 낳기까지 동침하지 아니하더니 나흘에 이르러 아들을 낳으매 이름을 예수라 하니라

2024→2025

오늘은 예수님 탄생을 모여서 기뻐하는 날이다.
예수님이 이 땅에 오신 성육신의 사건은
바로 우리 가운데 장막을 치시기 위해 오신 것이다.
장막을 치신다는 것은 구약의 성막 원리의 완성이다.
하나님은 시내 산에서 언약을 맺으신 후에 하나님
나라의 백성이 된 이스라엘 백성에게 율법을 주시고
그런 후에 그들과 함께 삶 가운데 오시기 위해서
성막을 허락하시고 법궤에 임재하셨다. 성막은 곧
하나님 임재를 상징하는 것이다. 그것은 임마누엘
하나님의 모습이다.

하나님 나라의 속성은 하나님이 우리와 함께 하셔서
우리의 눈에서 눈물을 닦아 주시고 우리를 안식으로
이끌어 주시는 것이다. 그것을 위해 하나님은 인간의
육체를 입고 우리 가운데로 오신 것이다. 하여간 메리
크리스마스다.

성경필사작품

시편

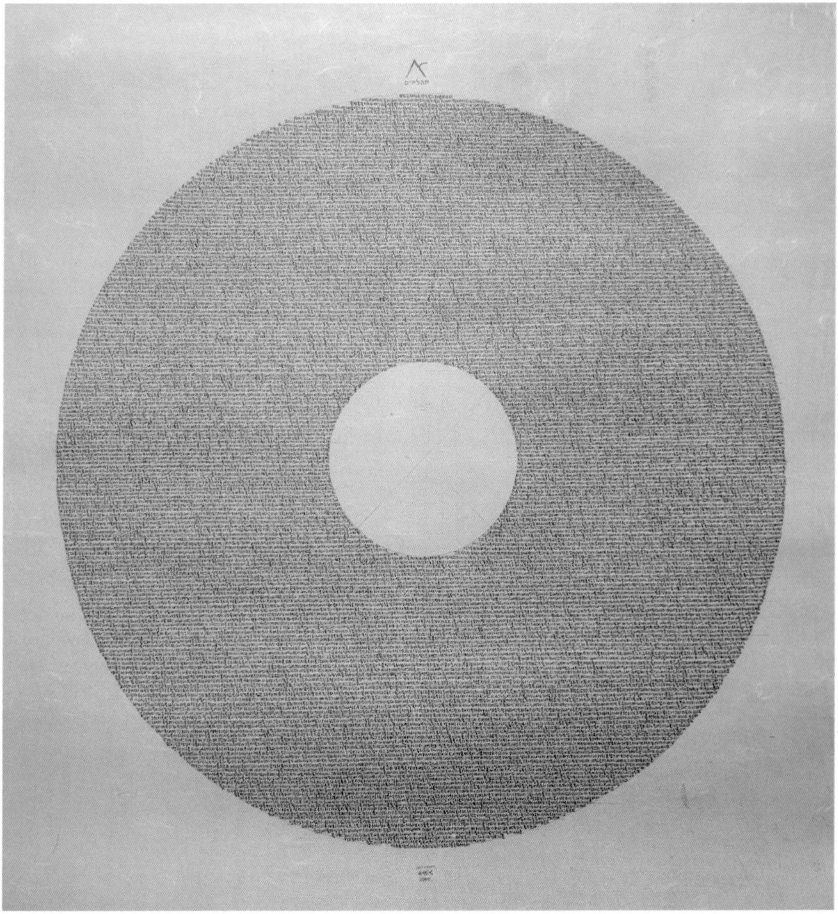

시편 1-150편

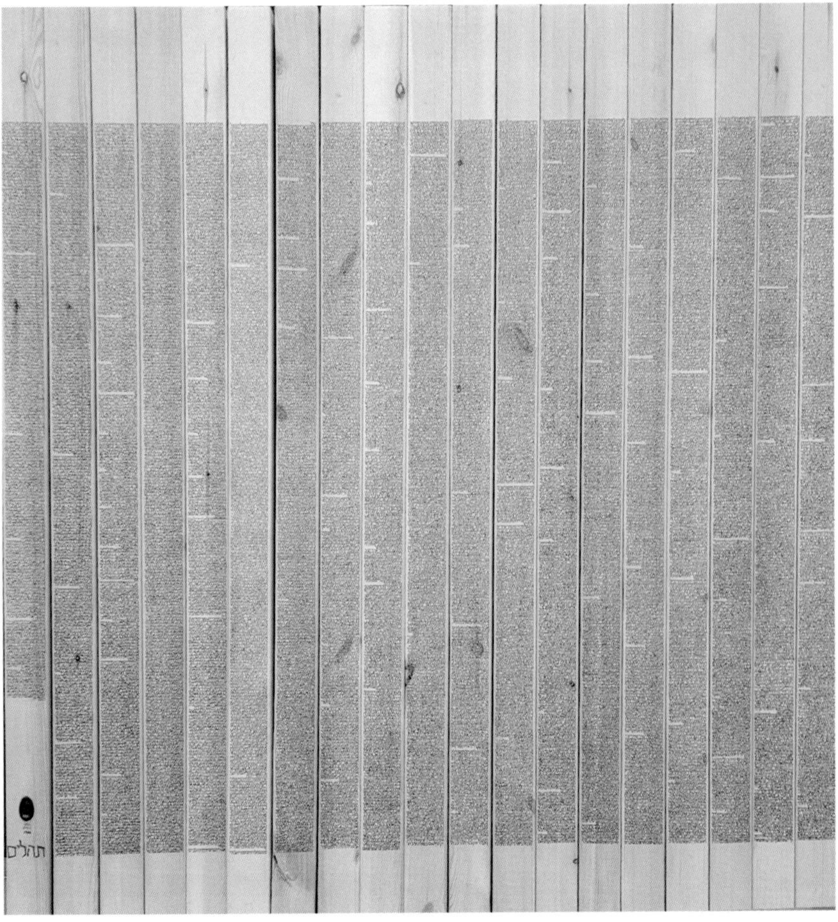

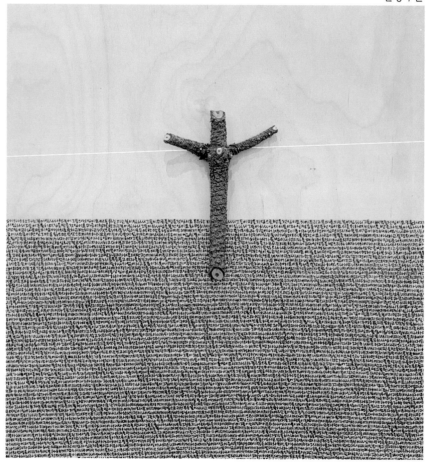

로마서

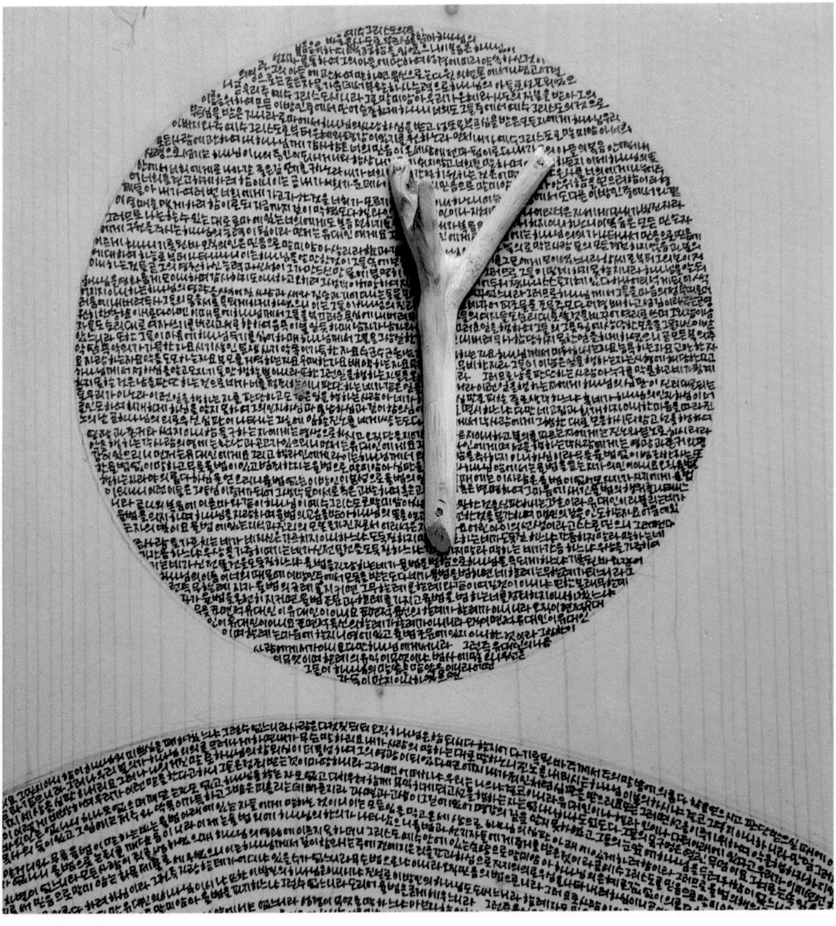

로마서/헬라어

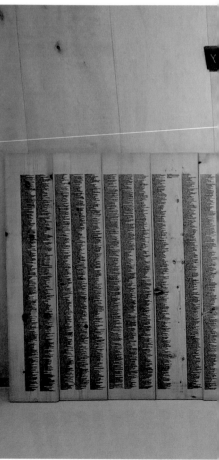

시편 1-150편/히브리어

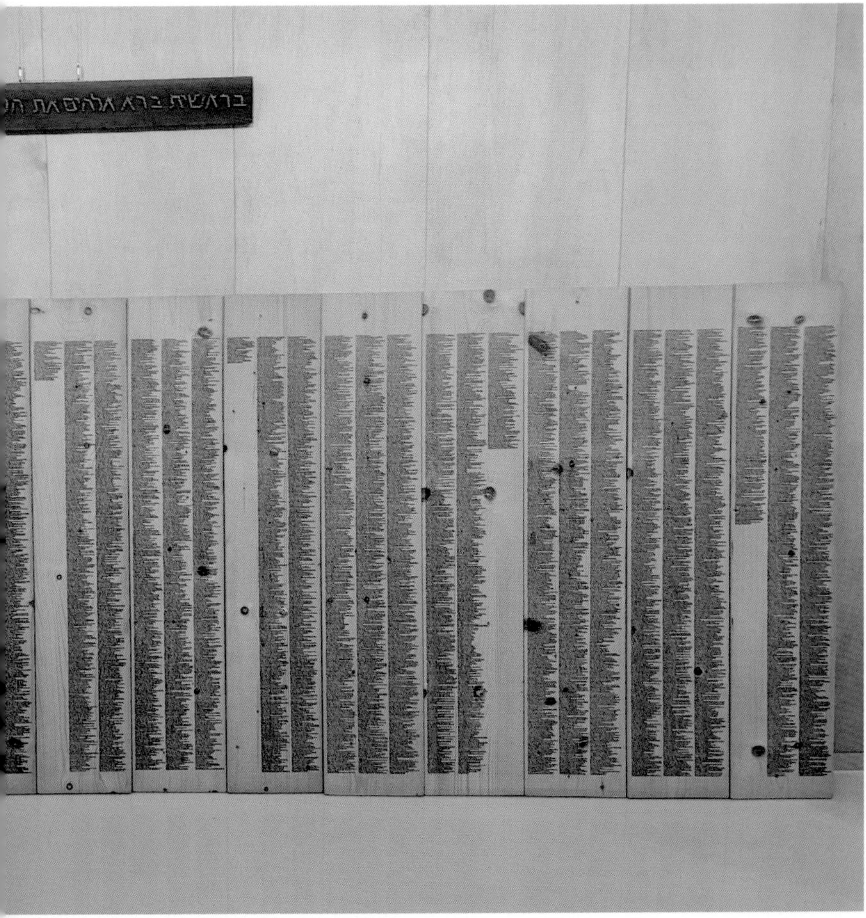

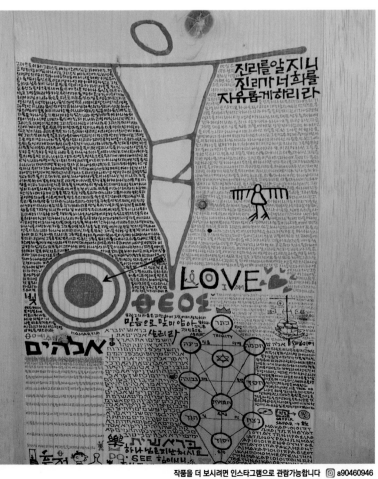

설교를  그리다

초판인쇄일	2025년 4월 20일
초판발행일	2025년 4월 20일
펴낸이	임경묵
펴낸곳	도서출판 다바르
주소	인천 서구 건지로 242, A동 401호 (가좌동)
전화	032) 574-8291
지은이	박형만
기획 및 디자인	장원문화인쇄
인쇄	장원문화인쇄

ISBN 979-11-93435-16-8